Unter dem Meer

Ein Wunderbares Malbuch für Erwachsene

Anti-Stress

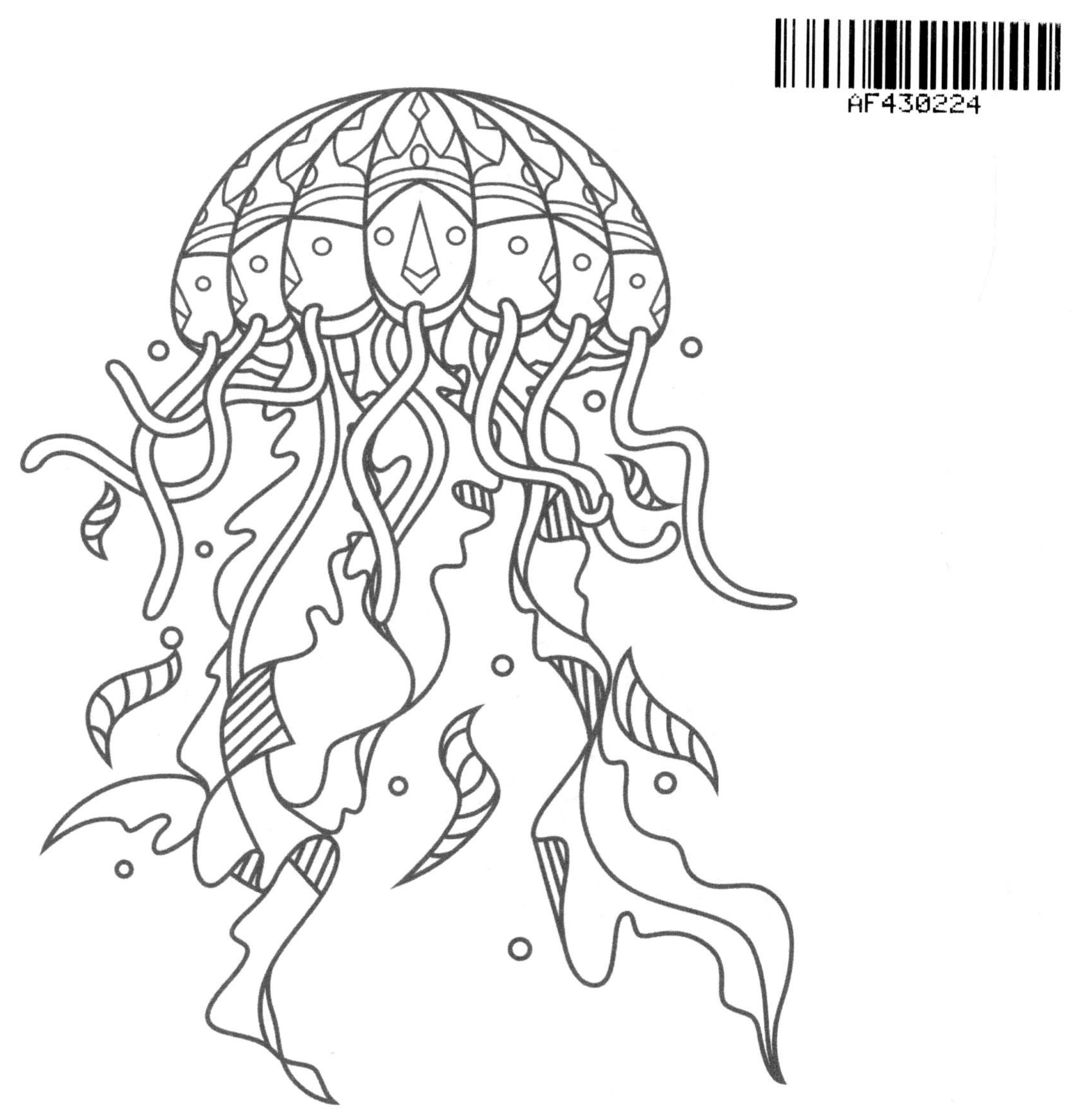

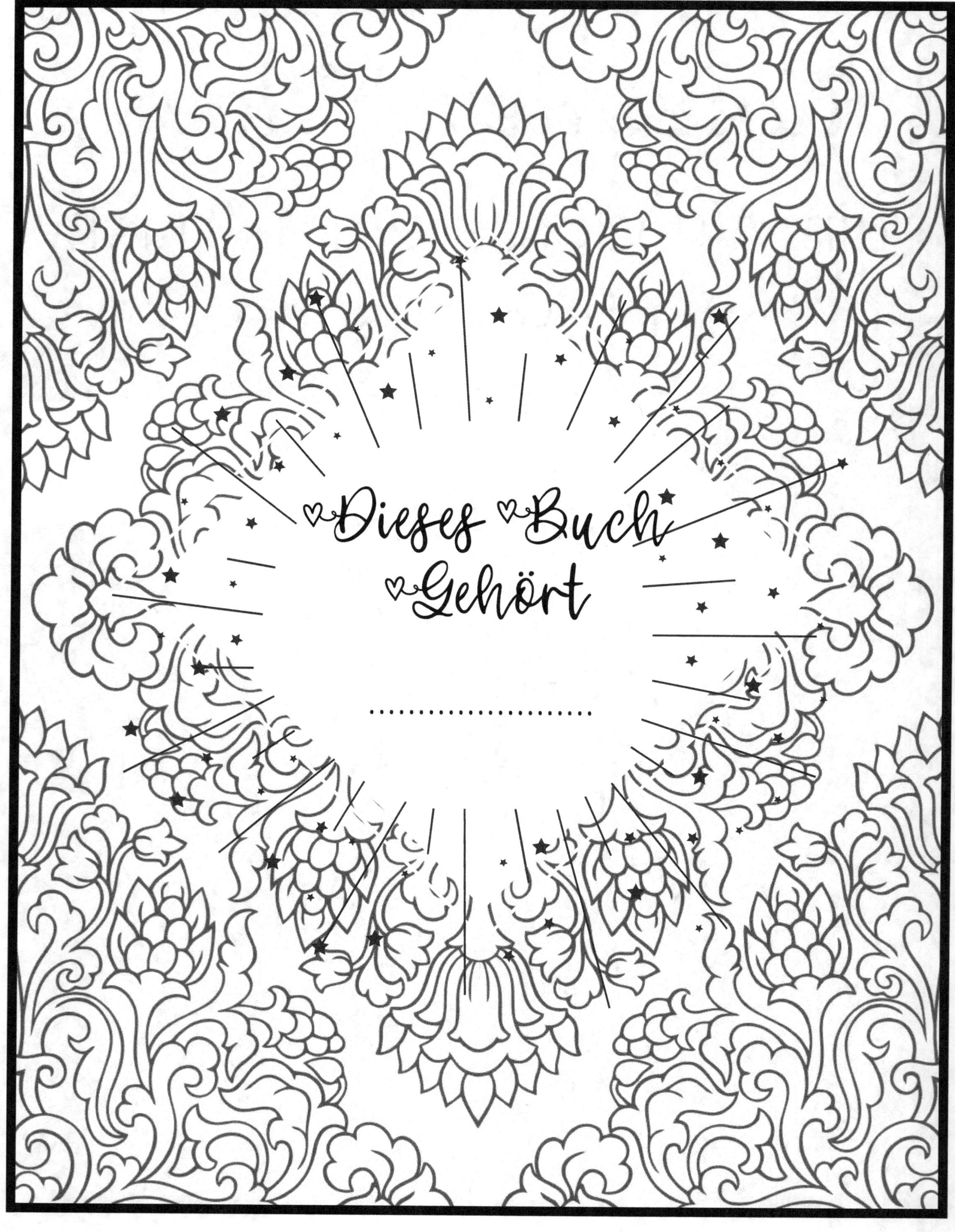

Dieses Buch
Gehört

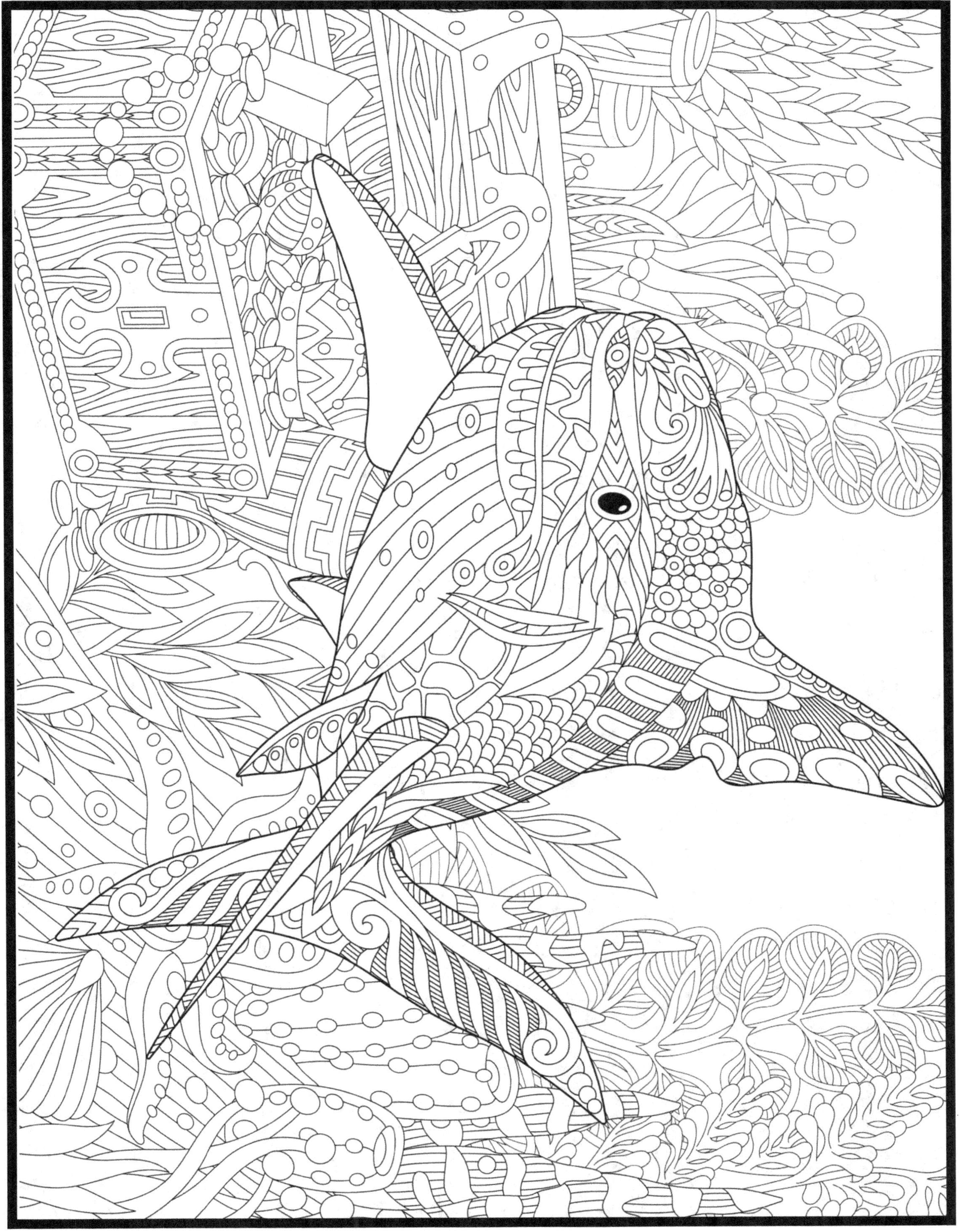

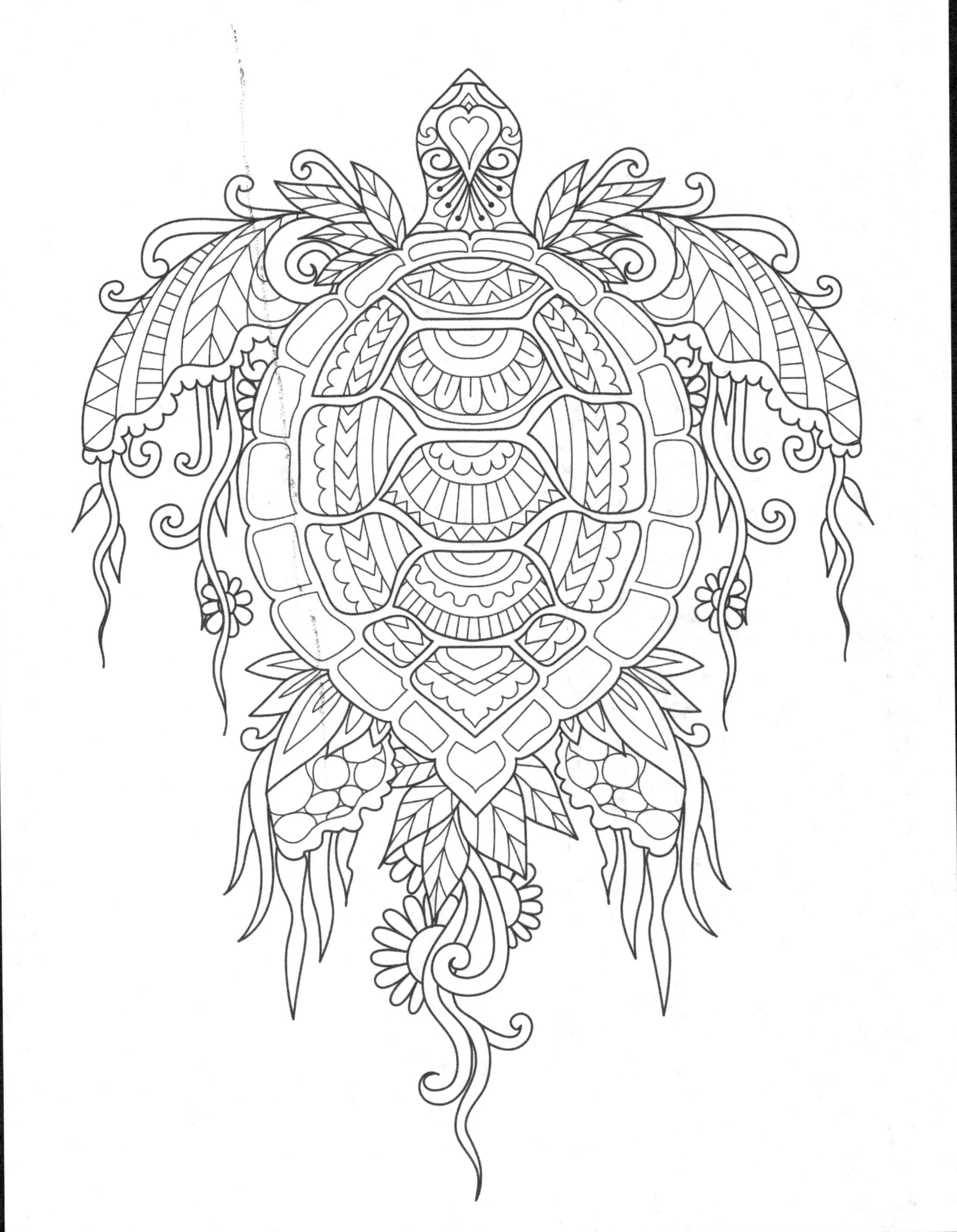

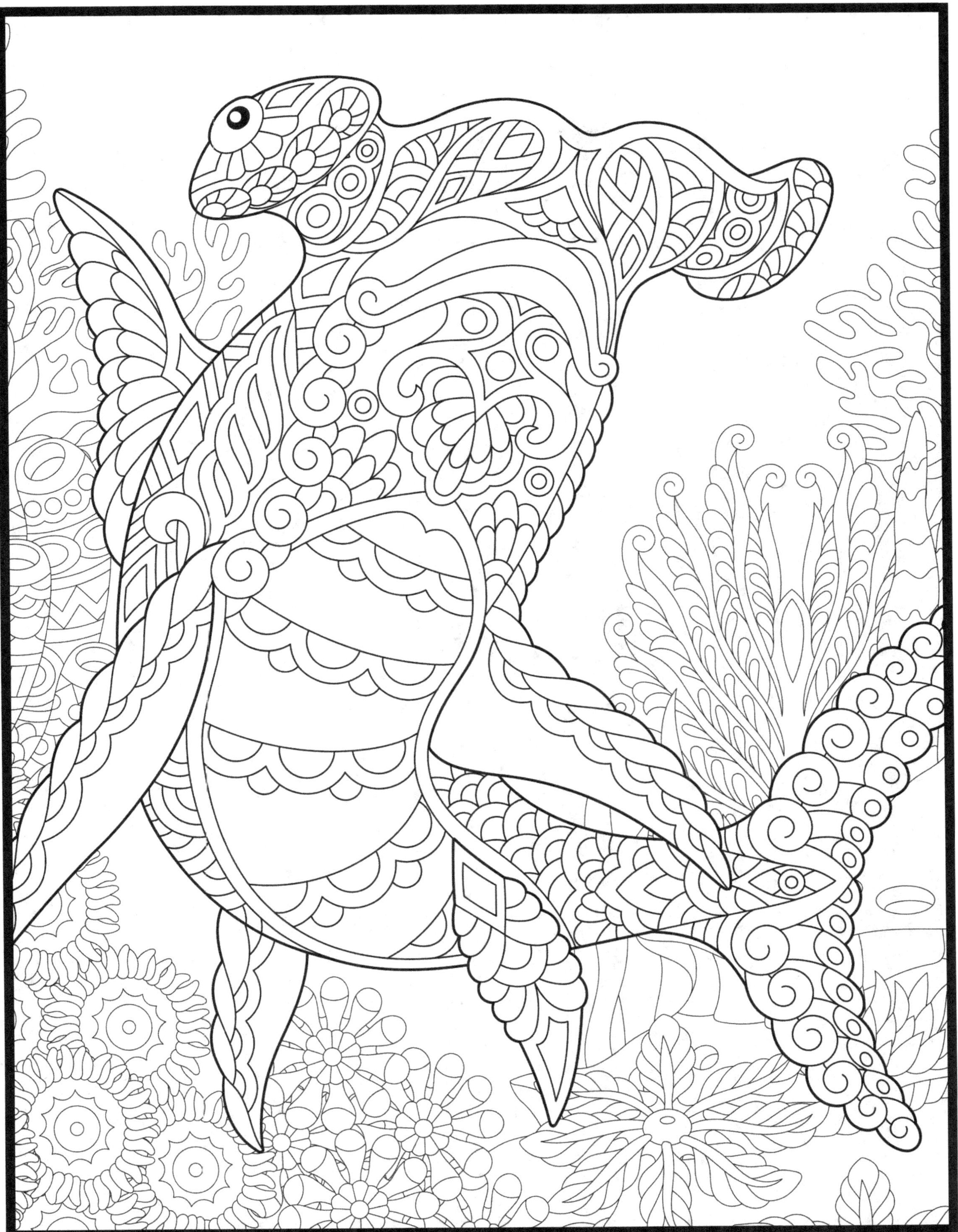

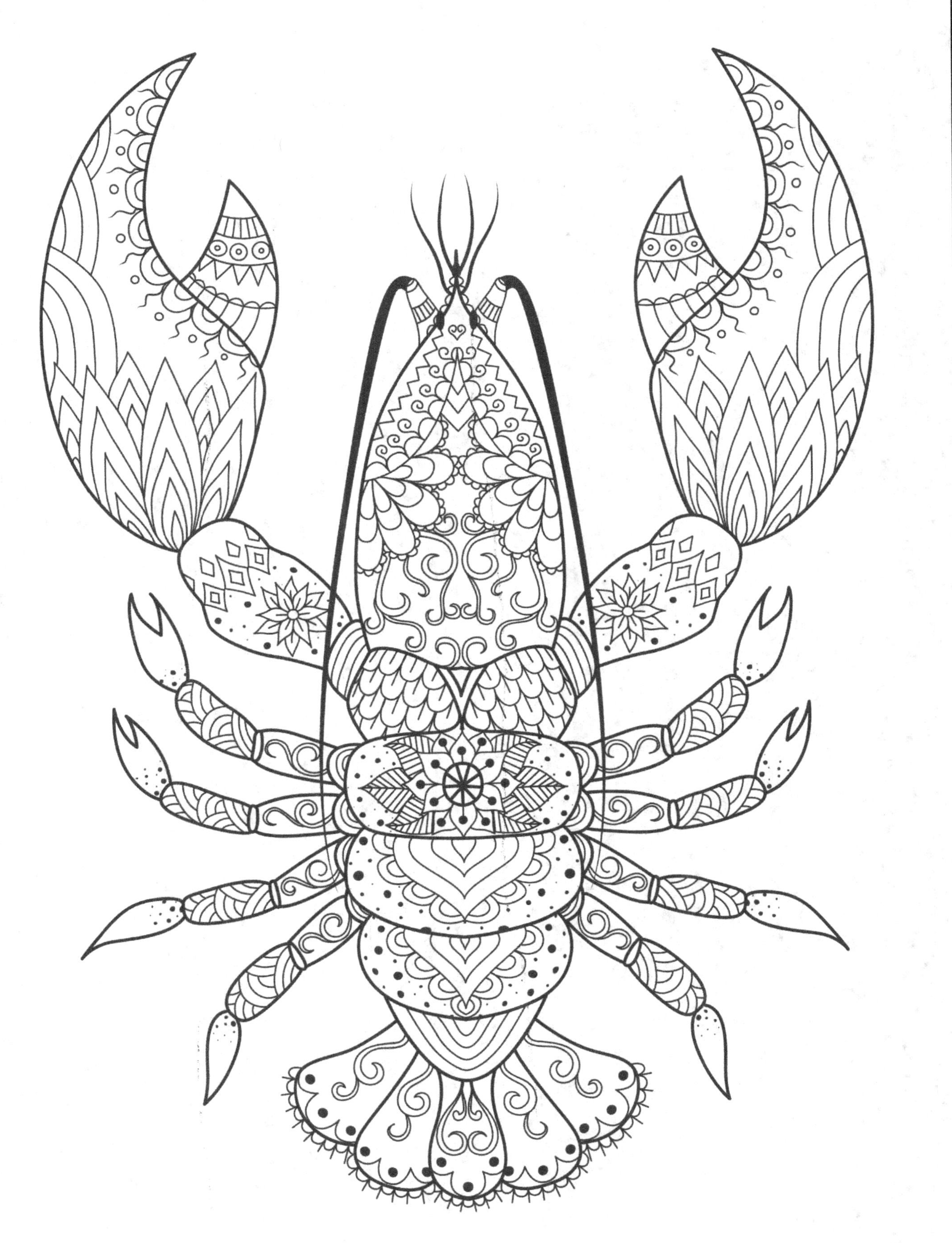

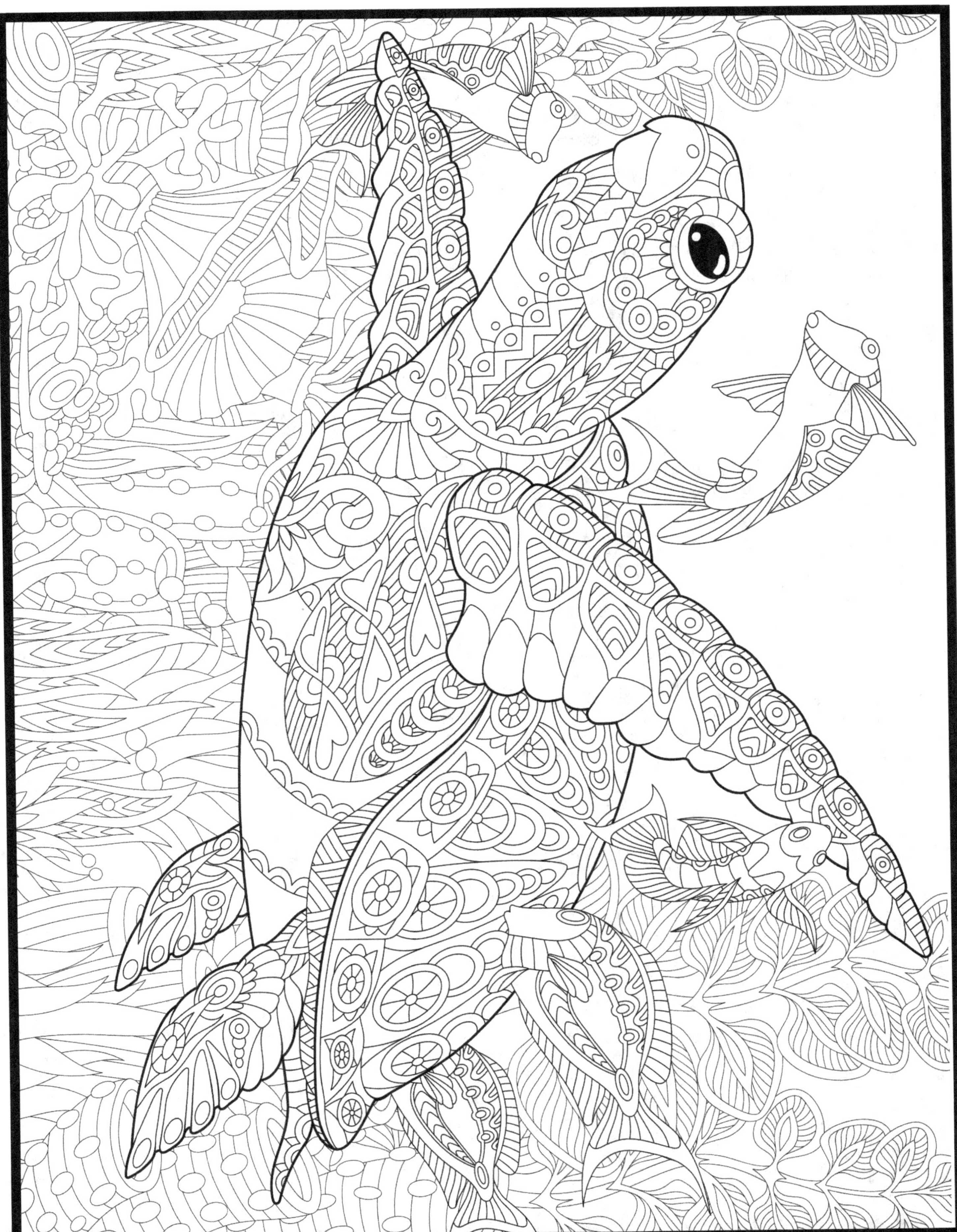

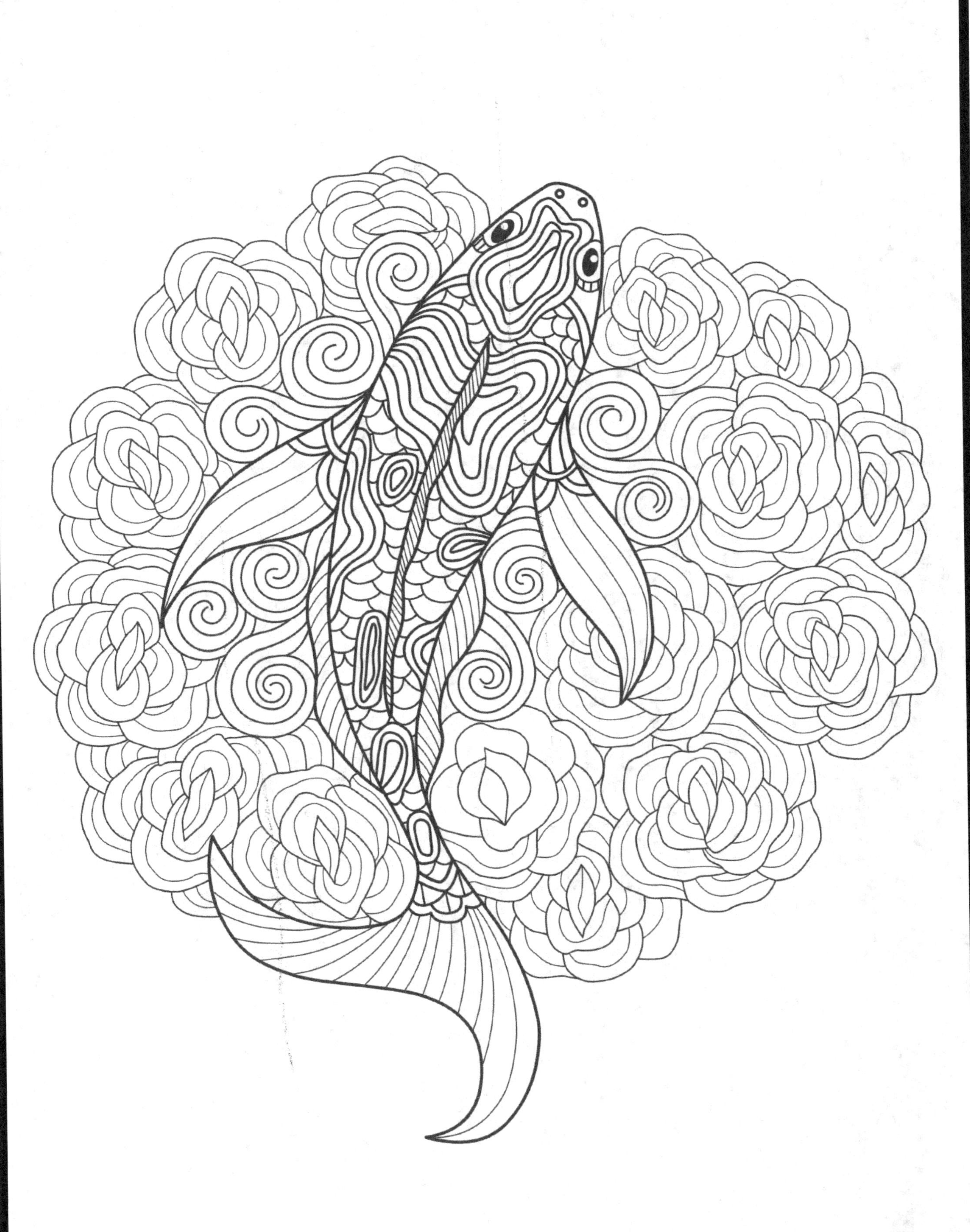

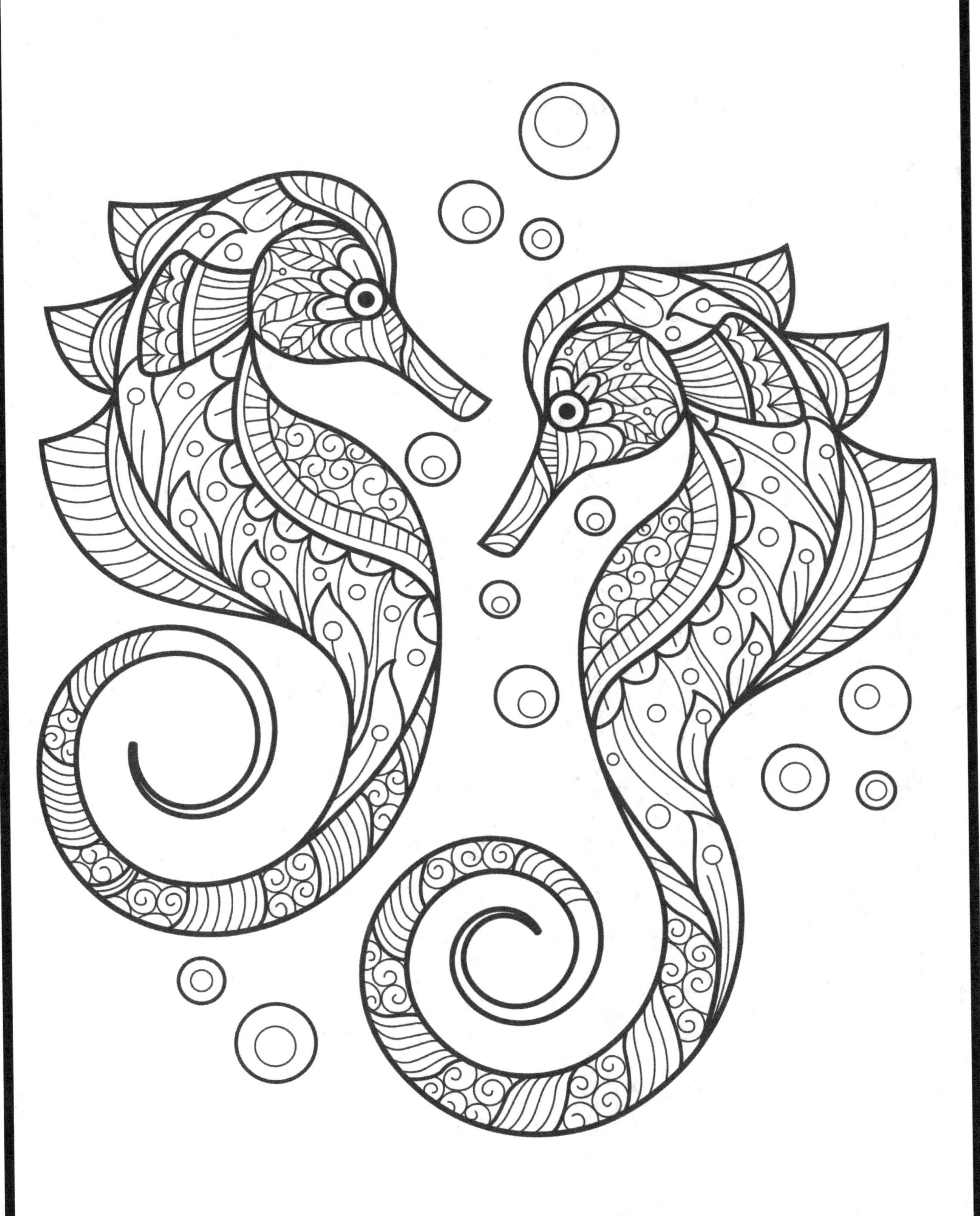

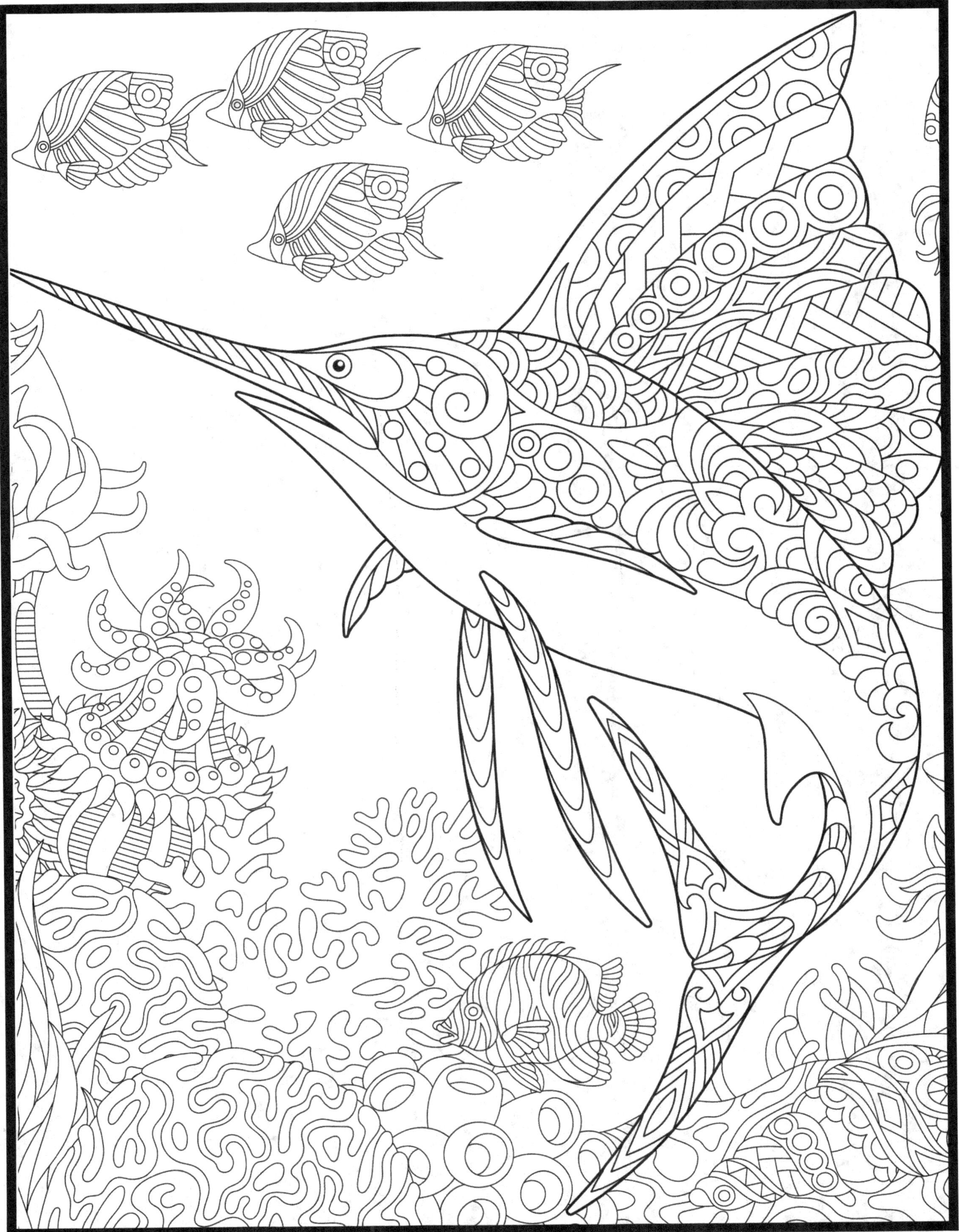

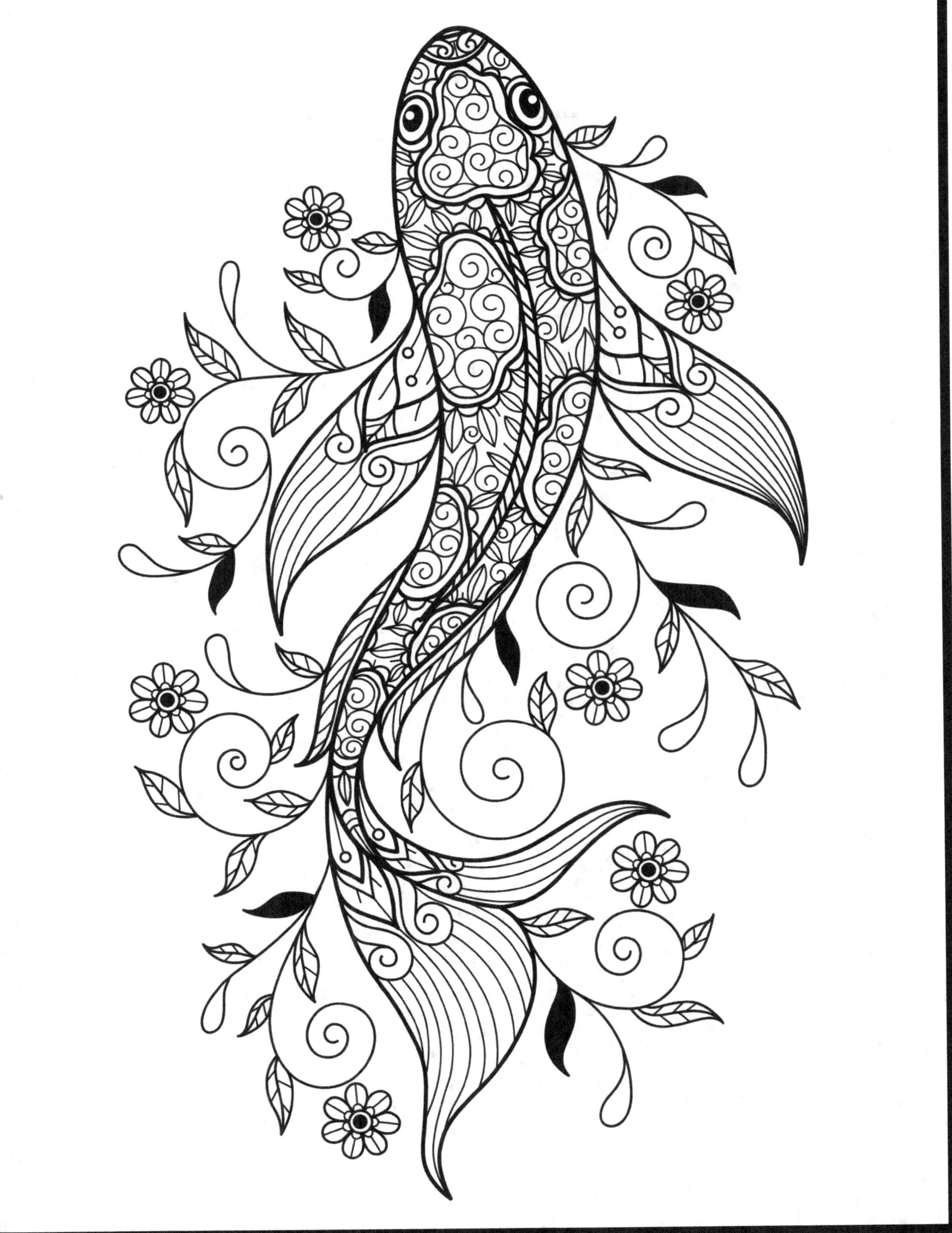

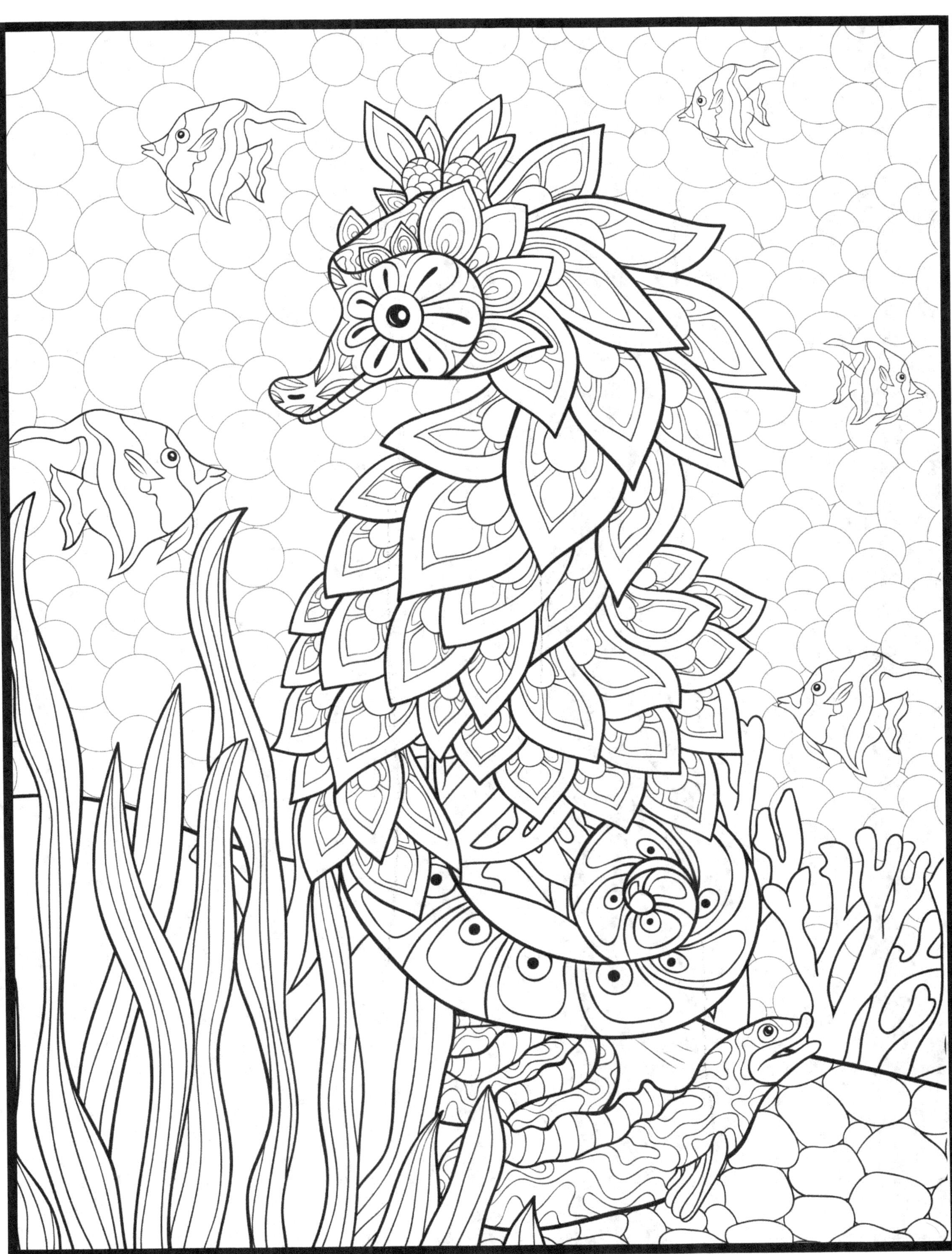

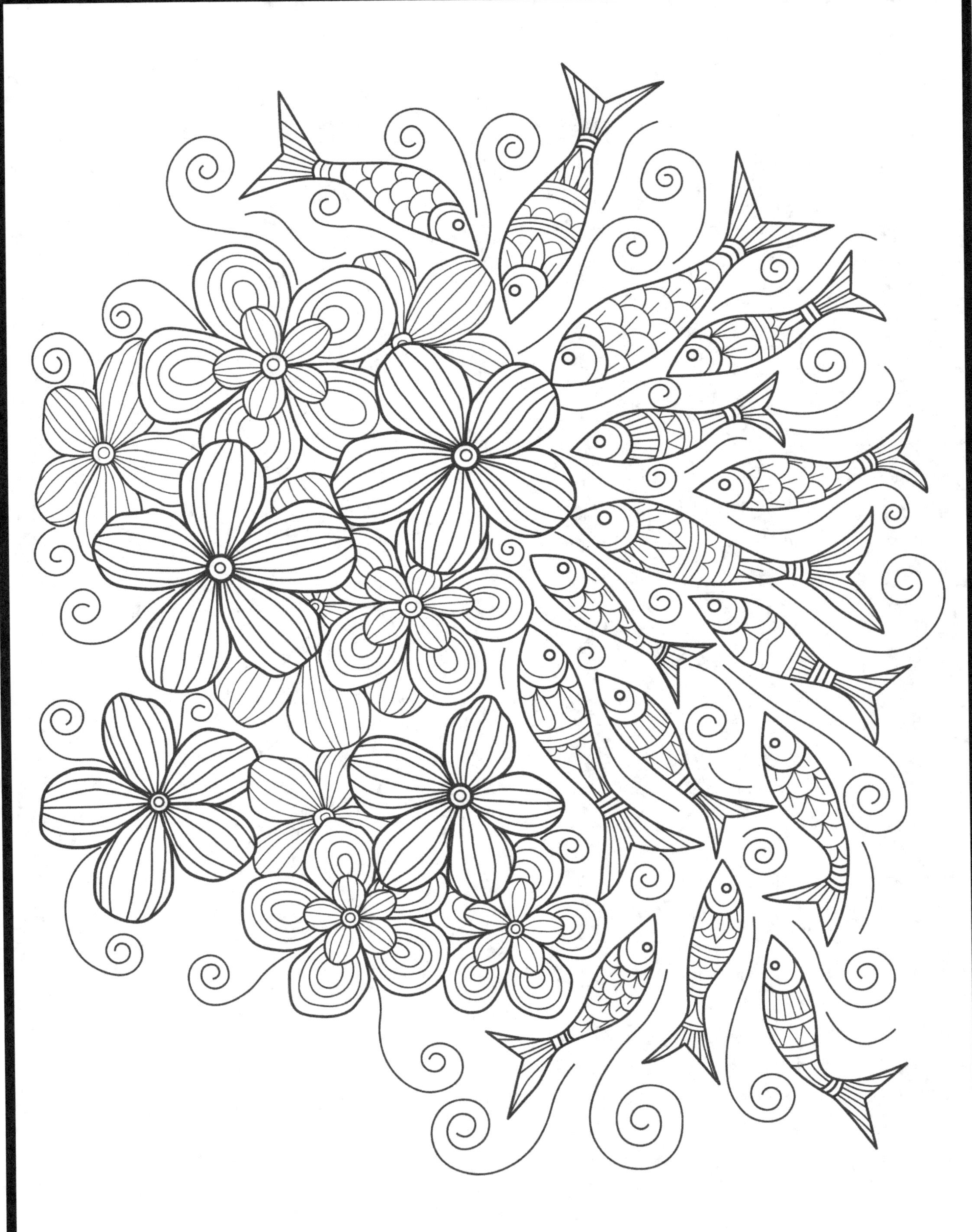

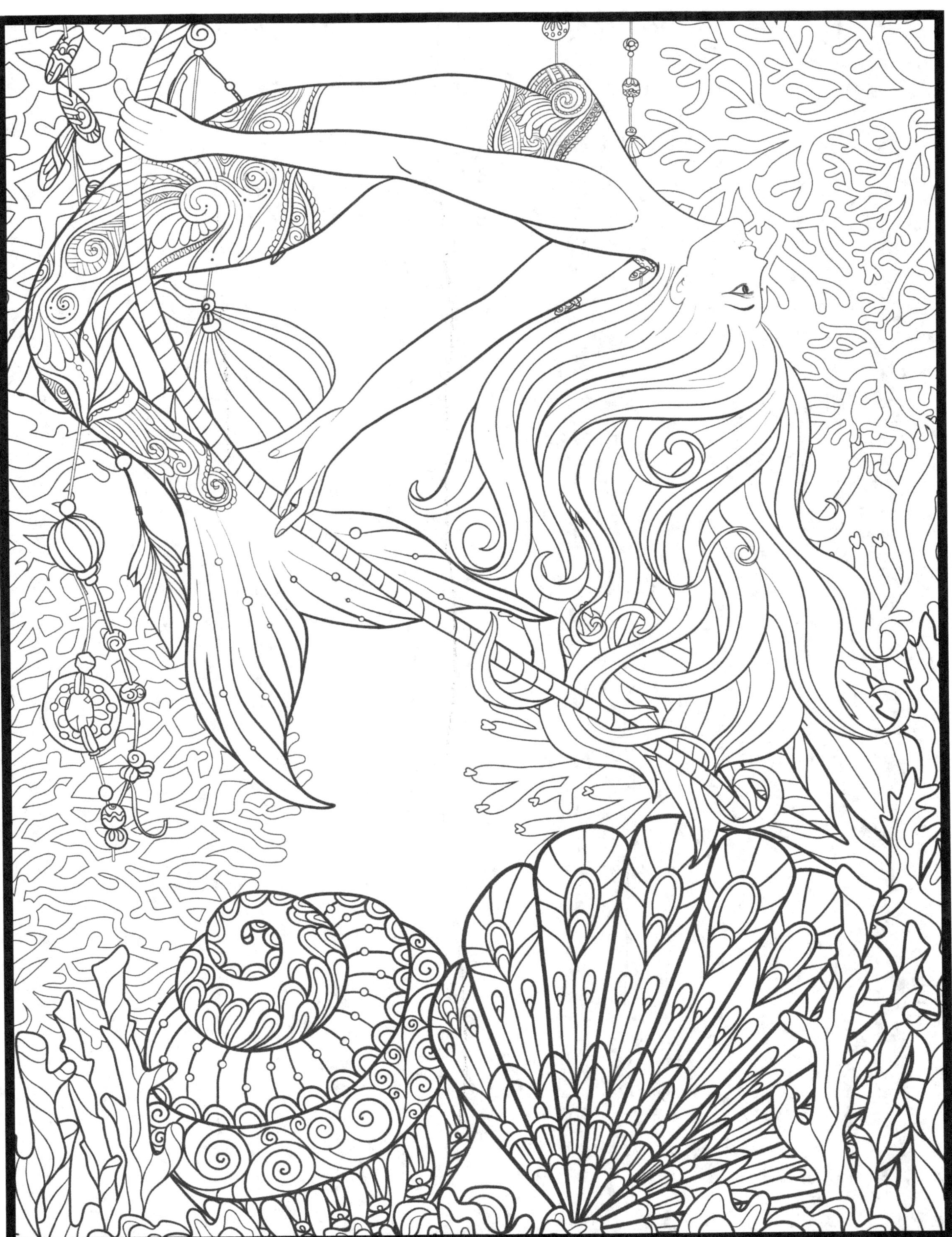

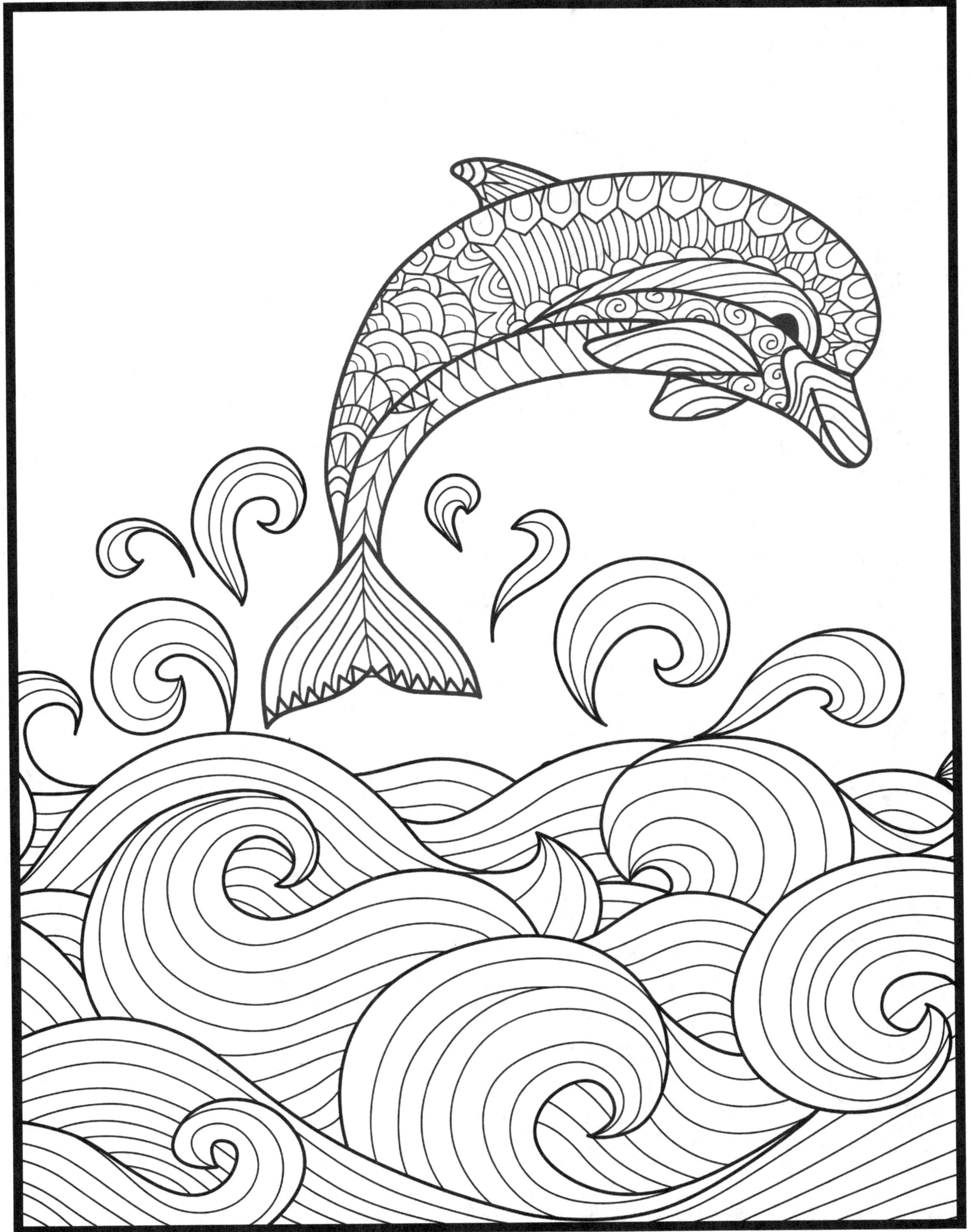

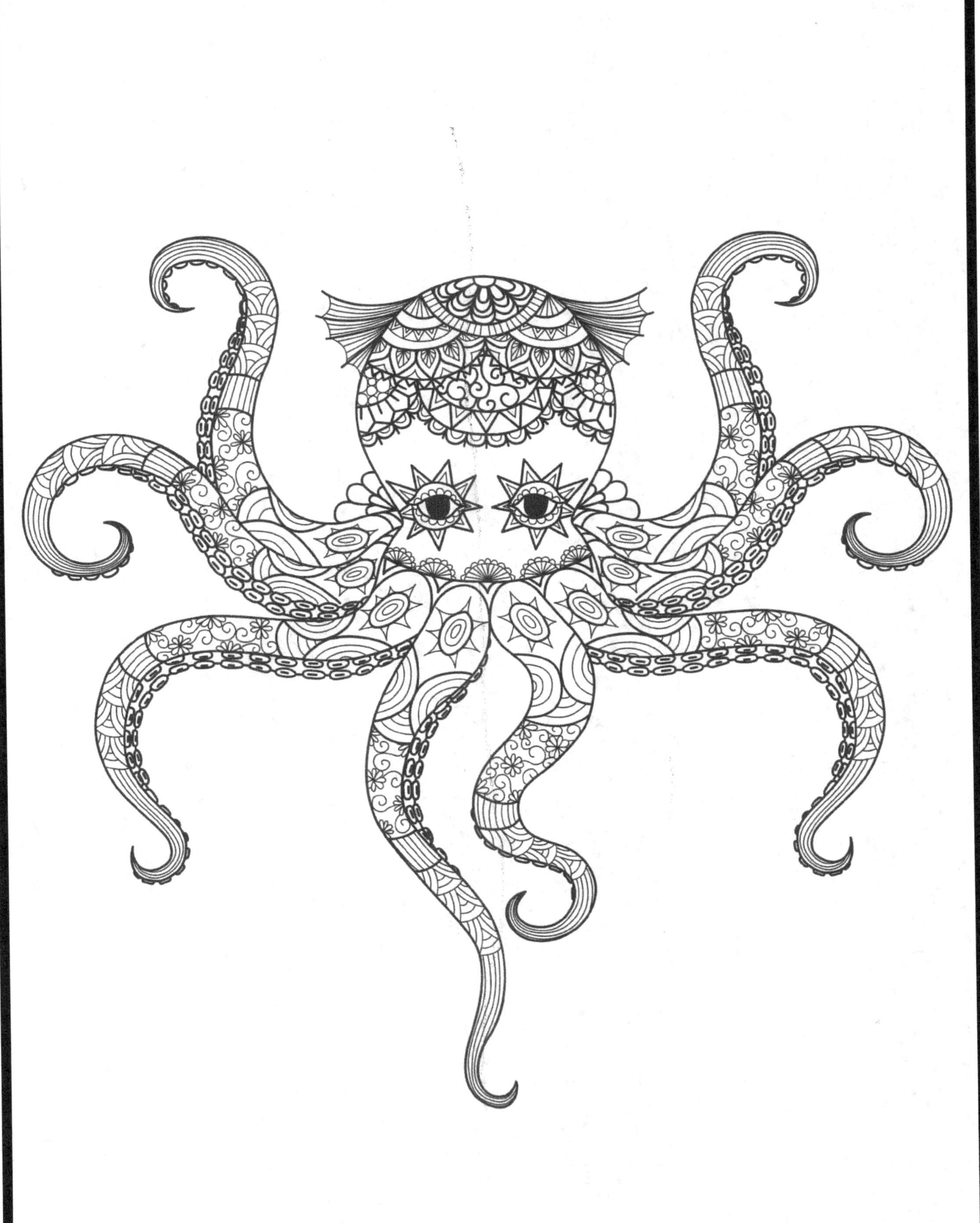

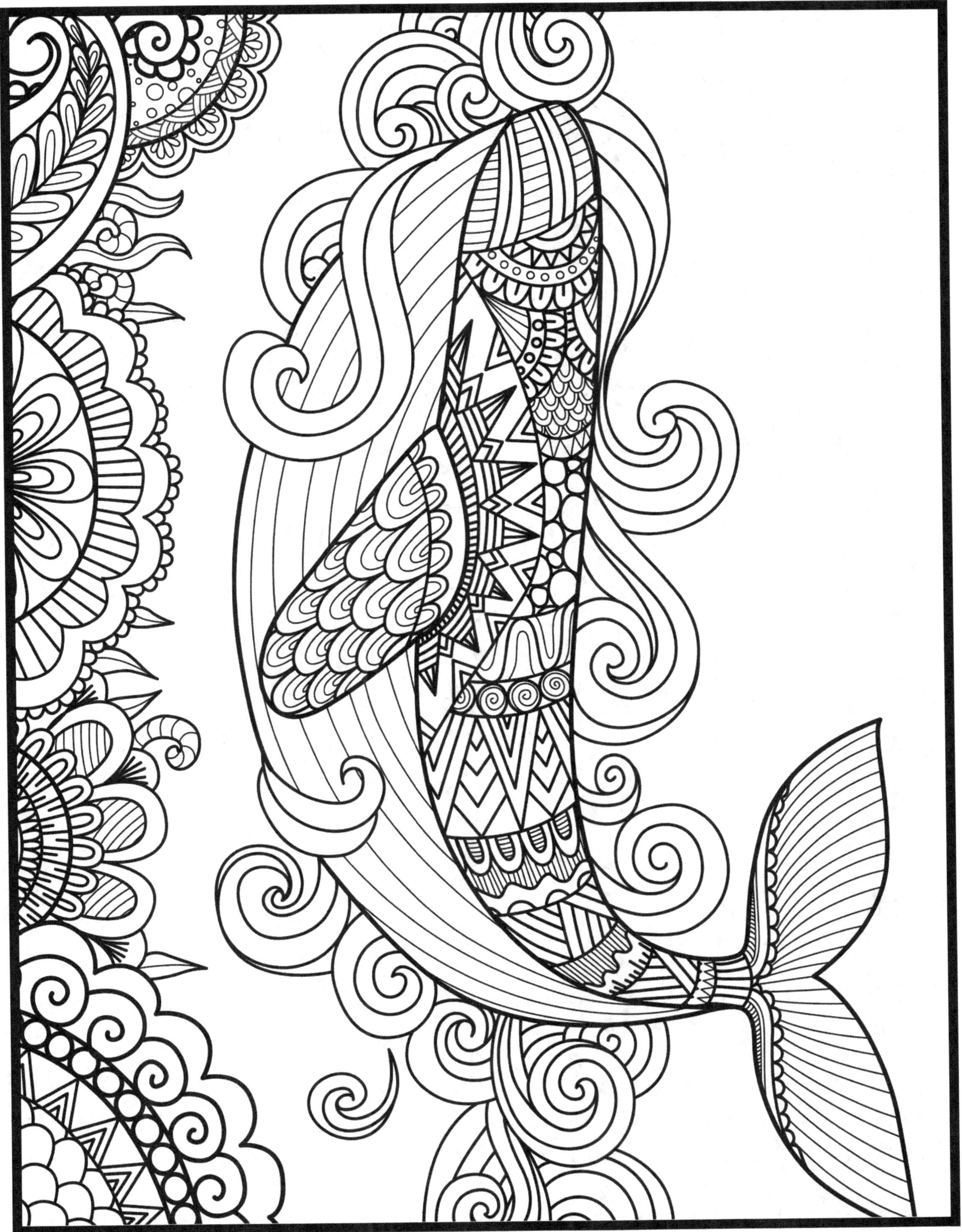

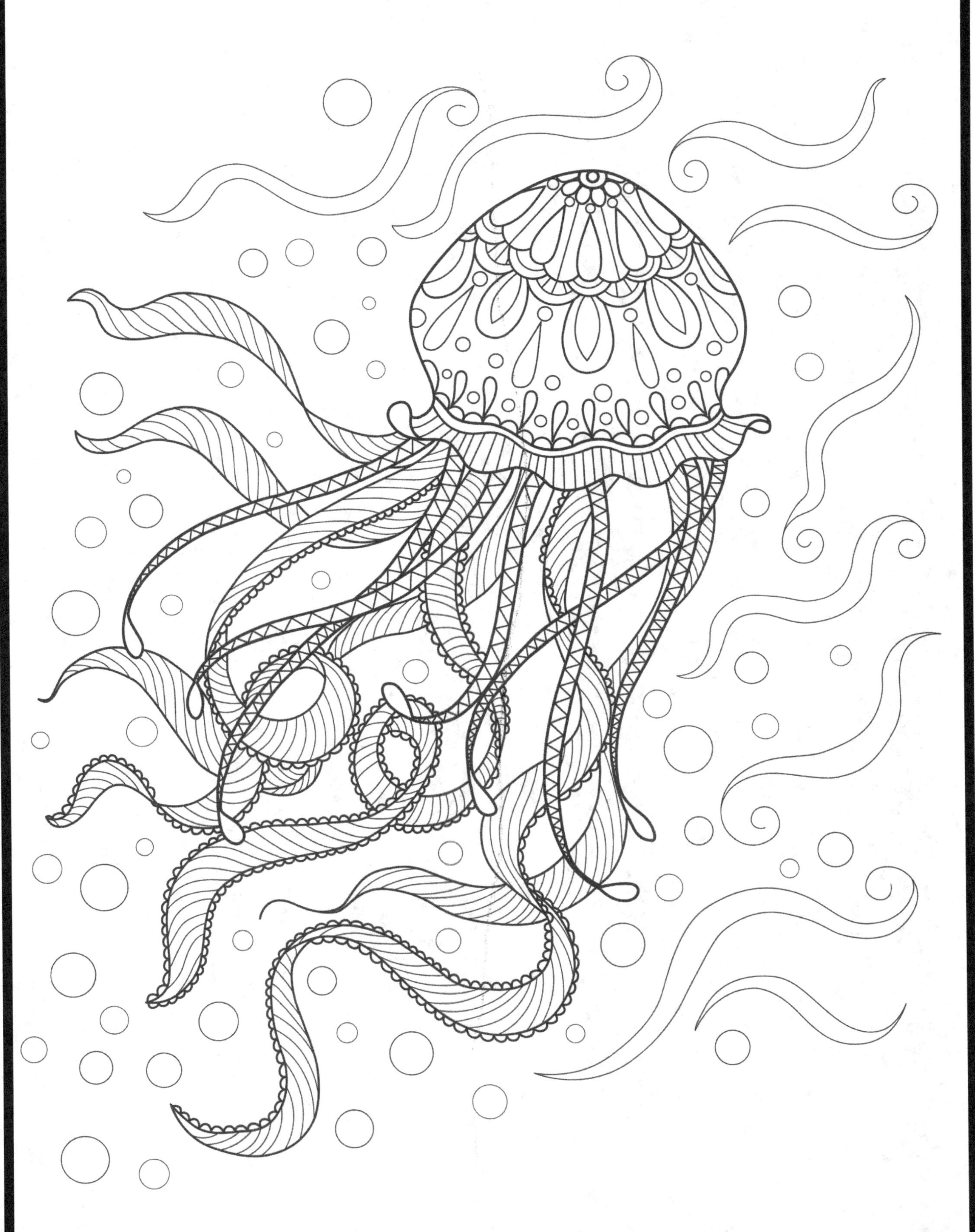

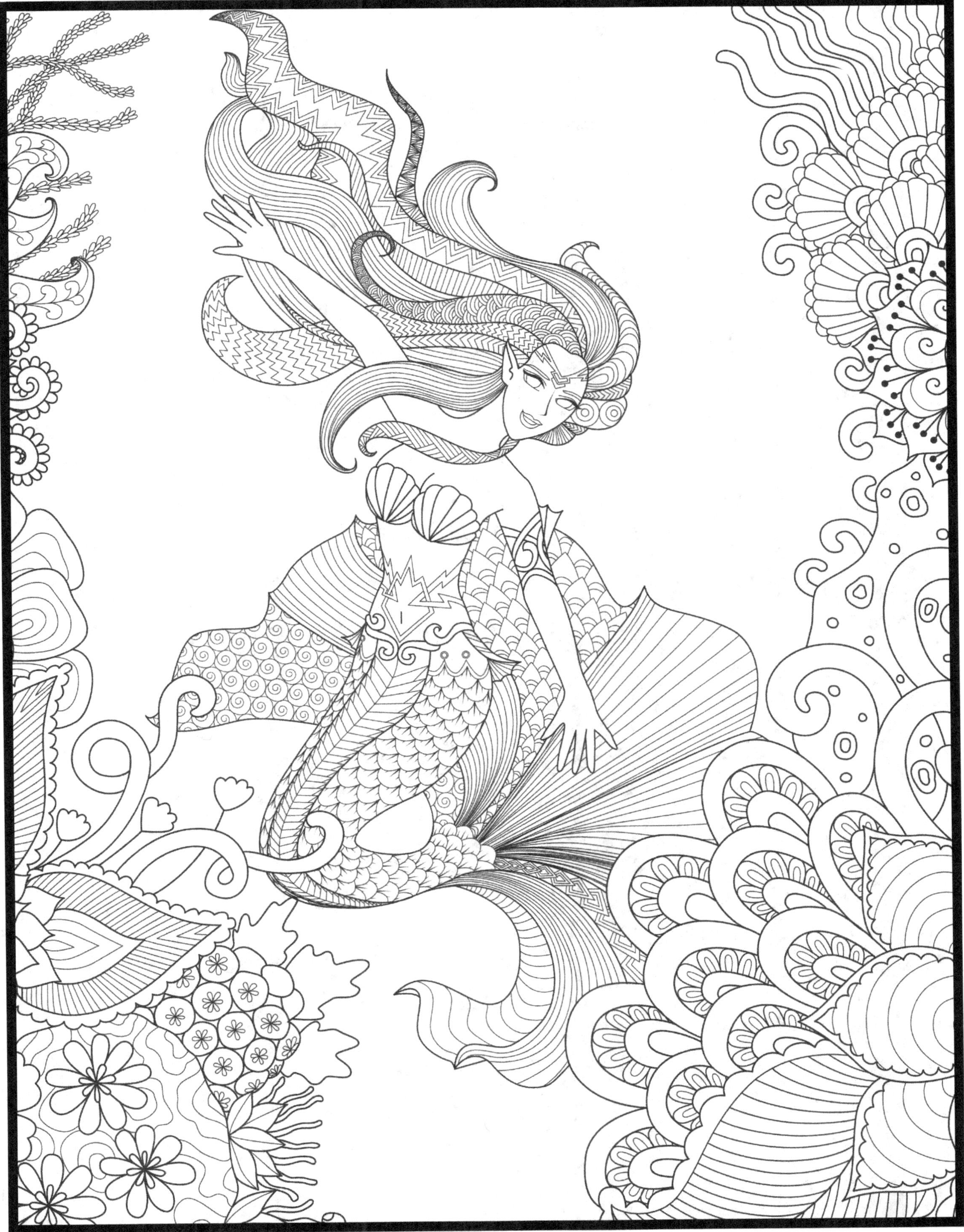

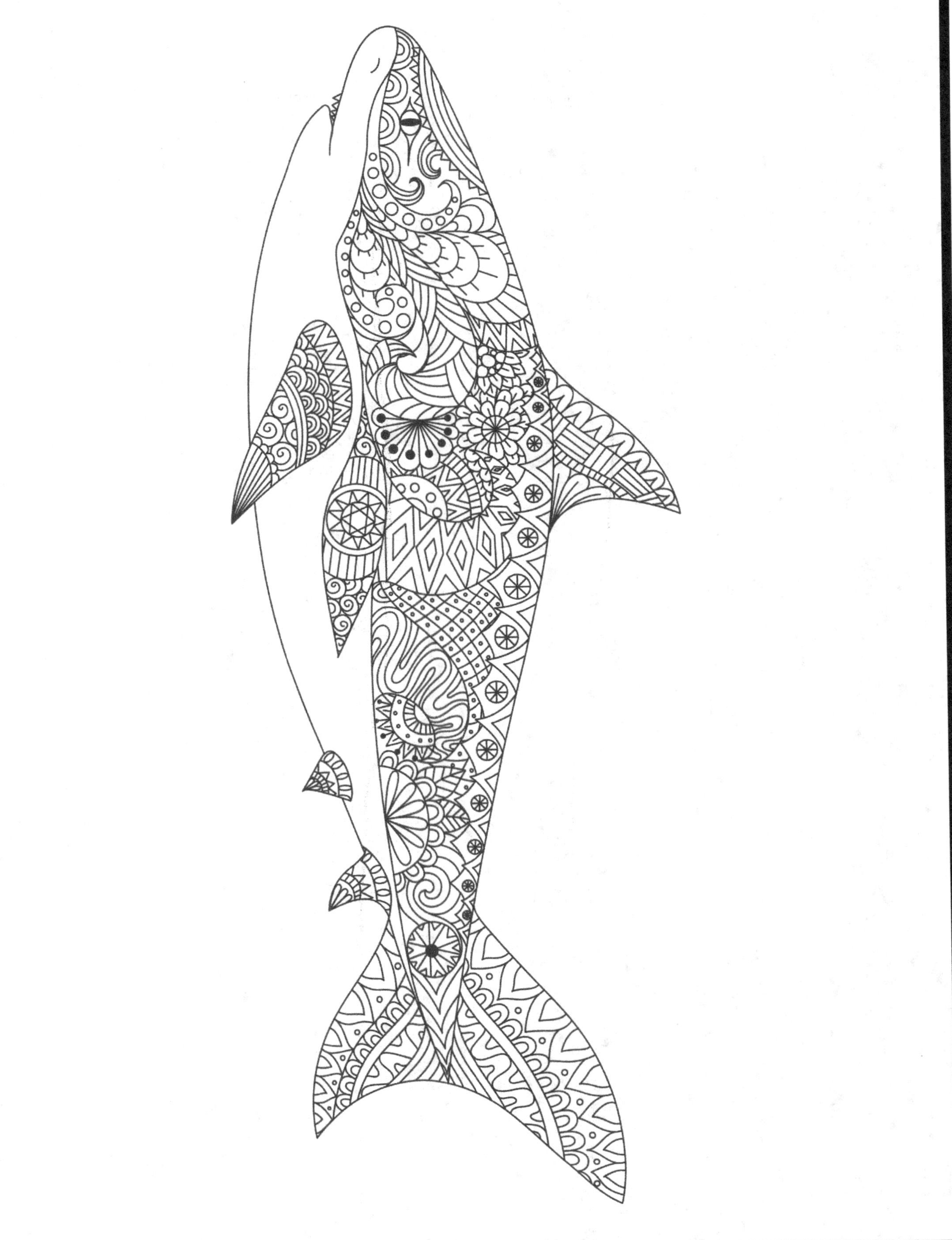

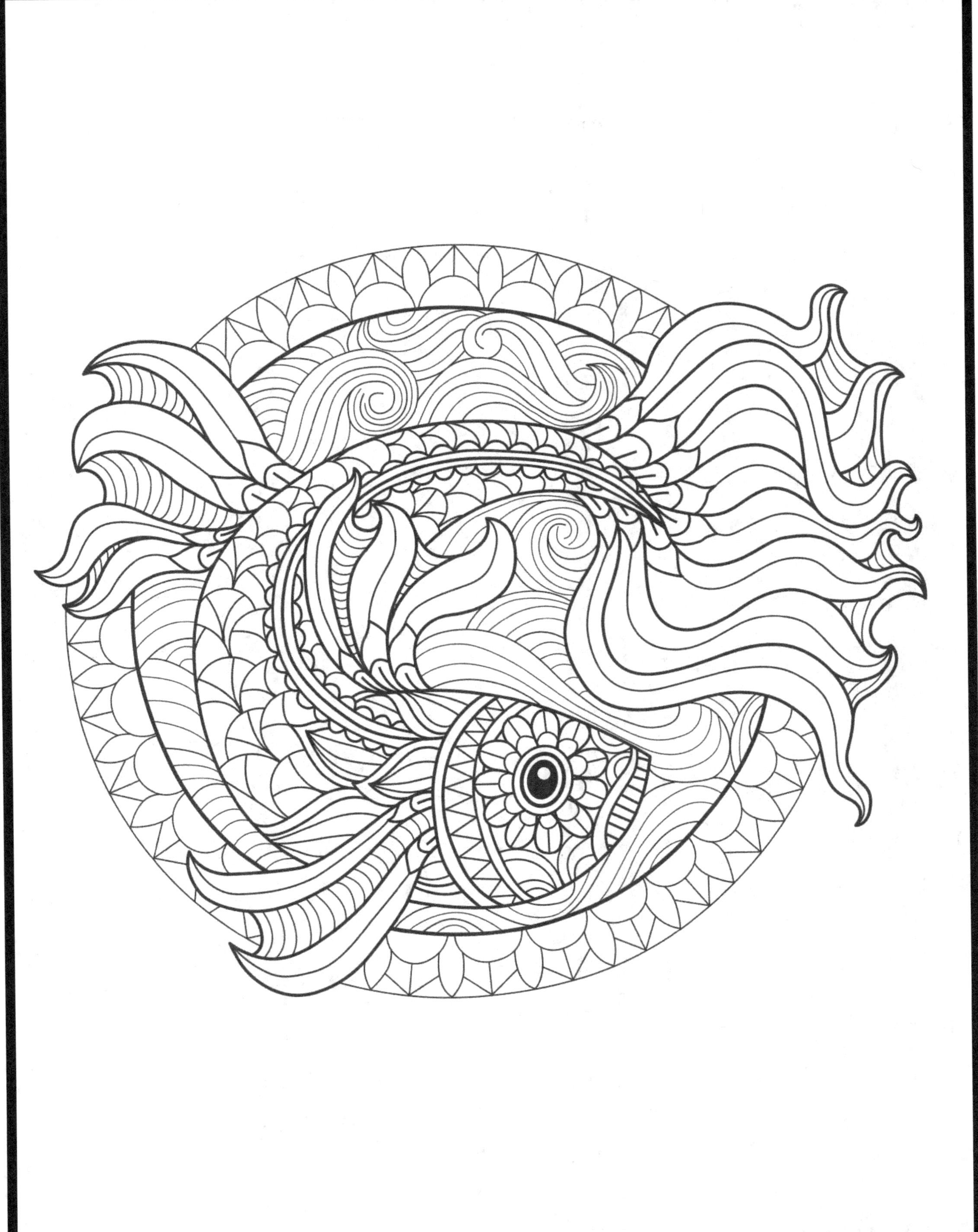

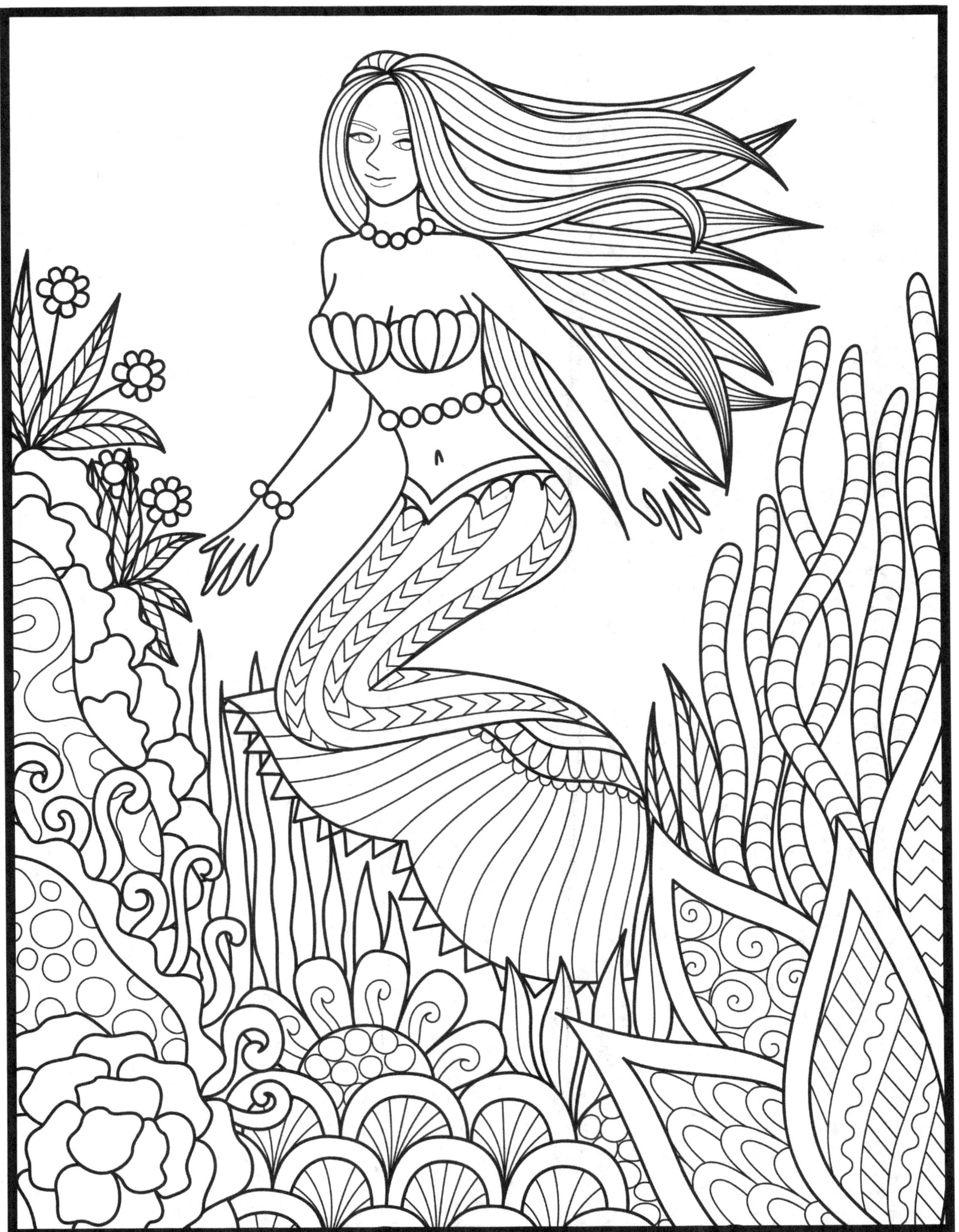

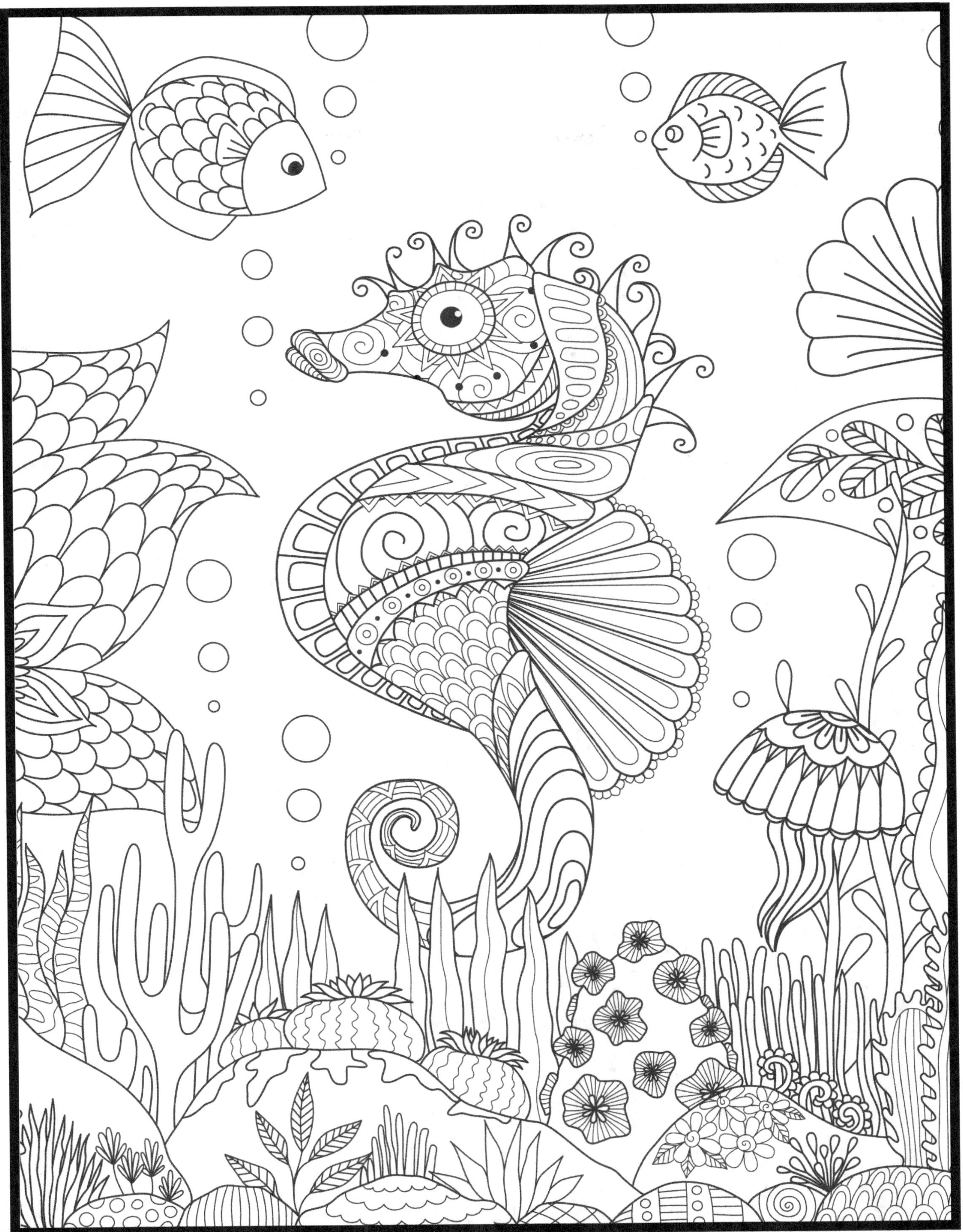

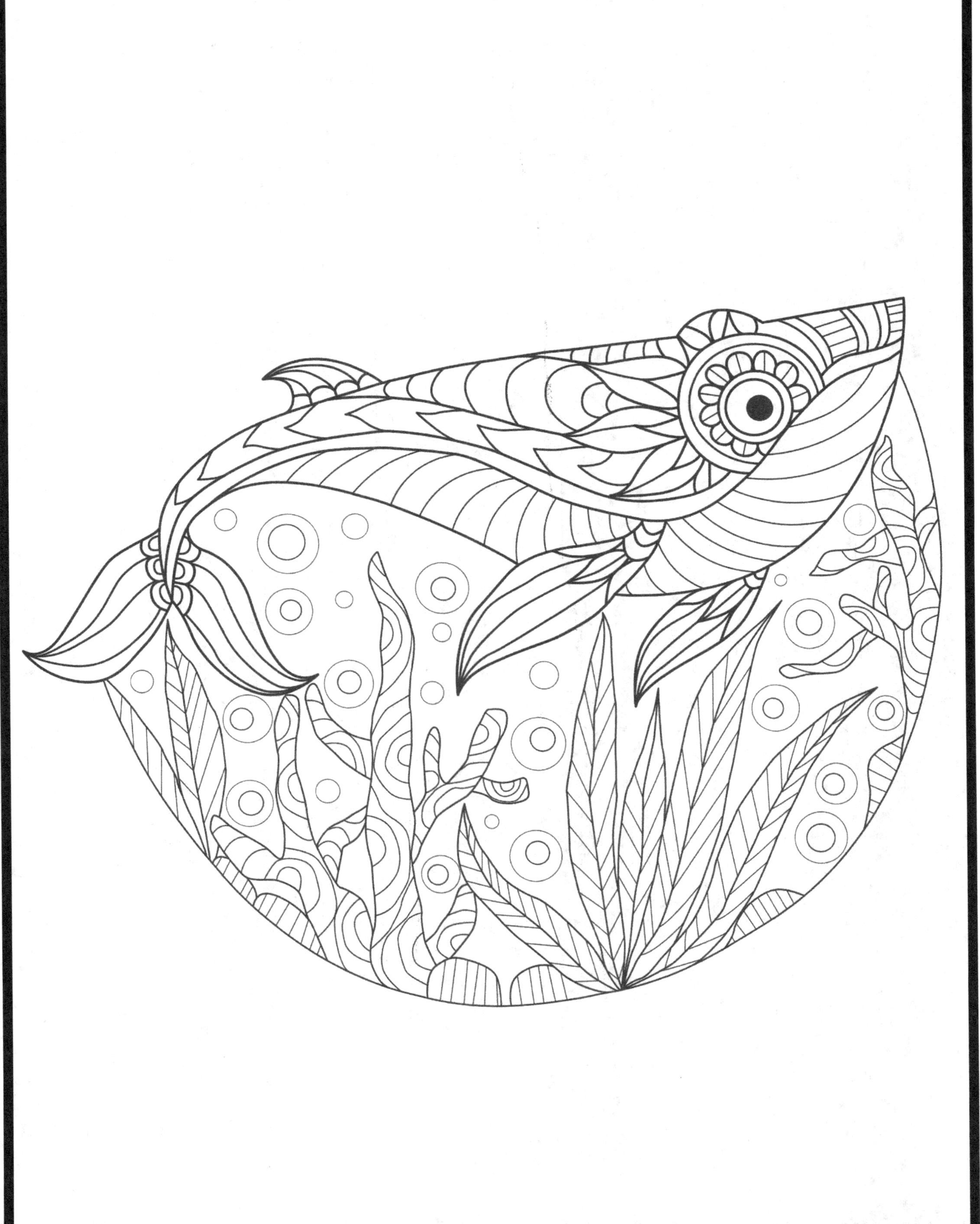

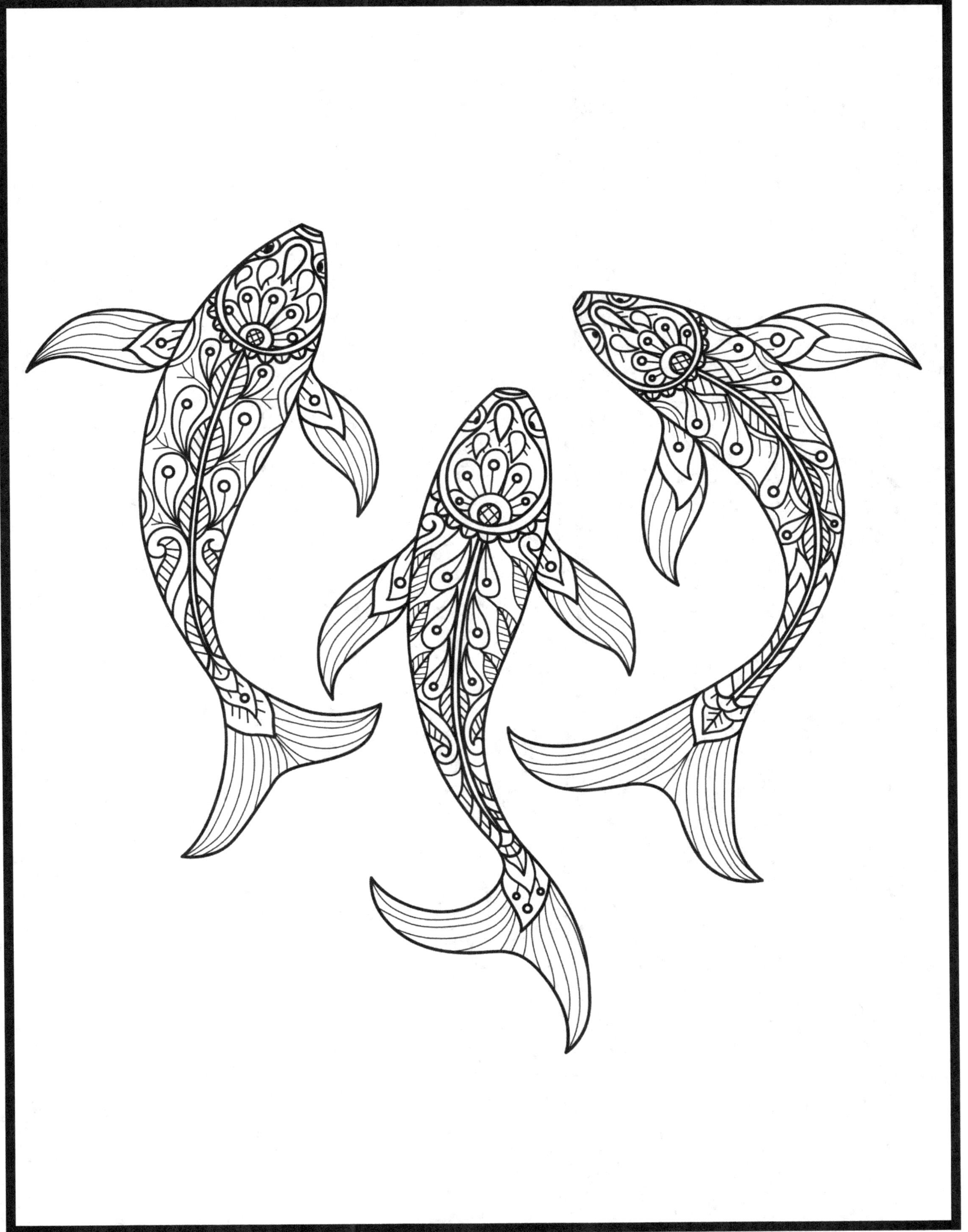

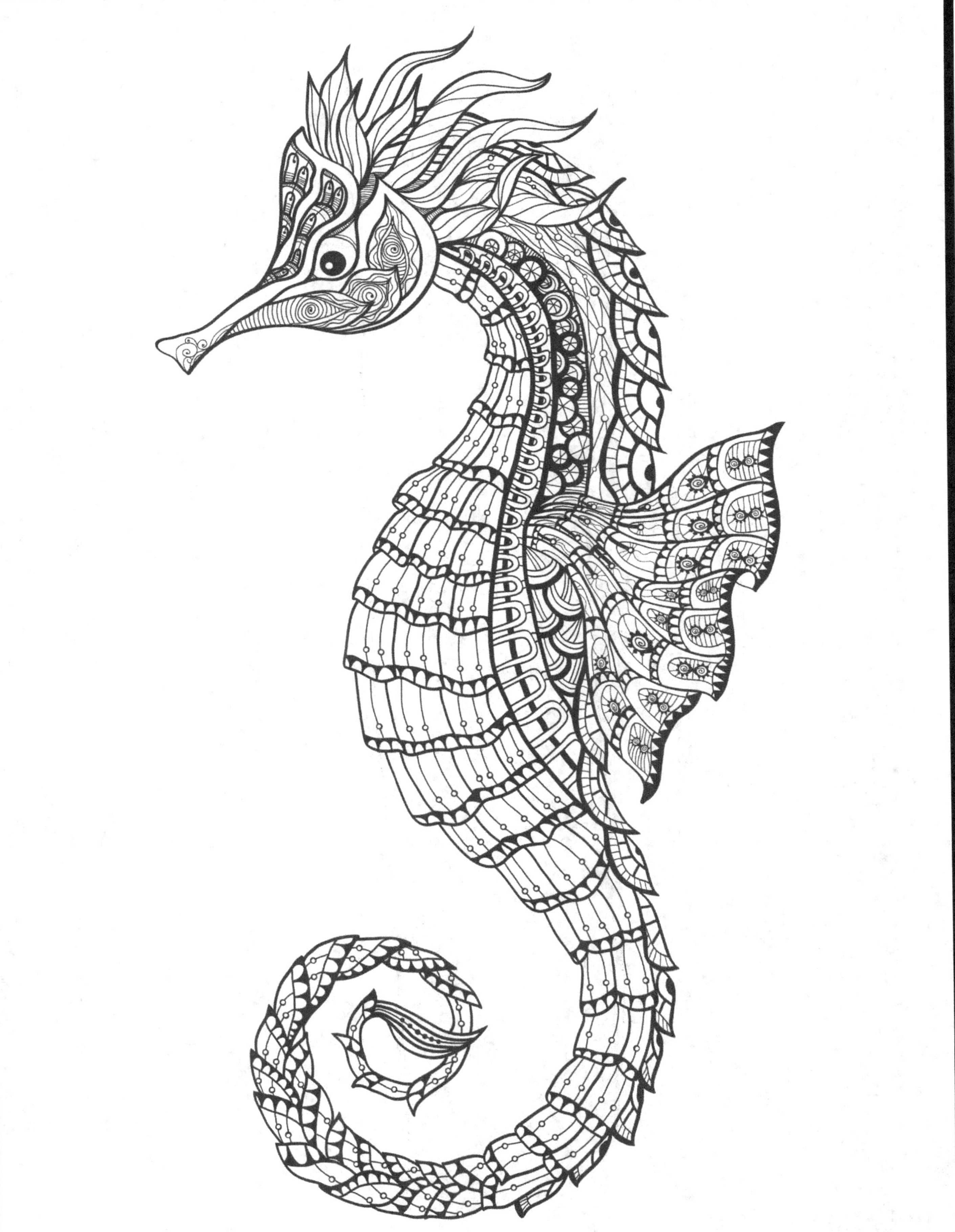

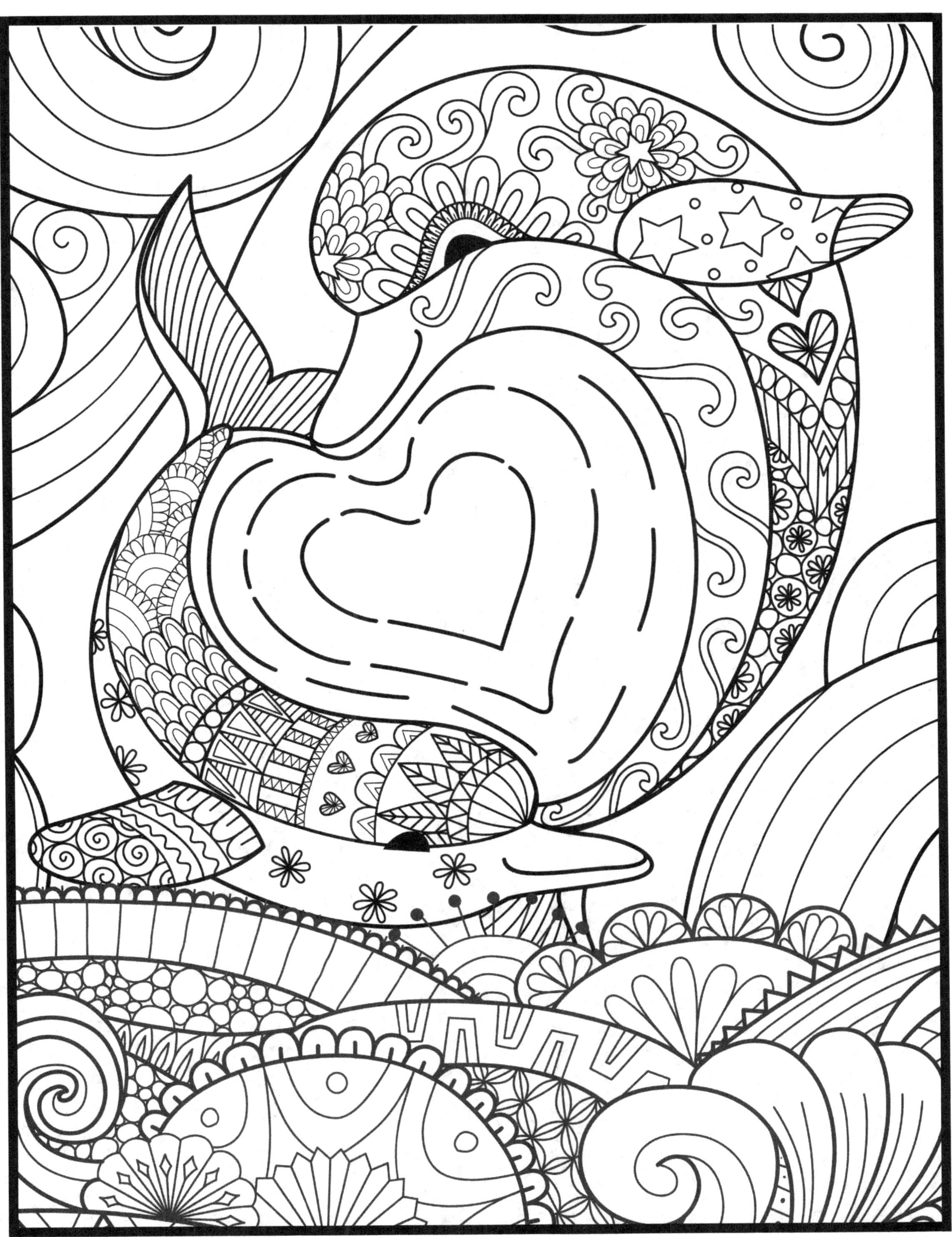

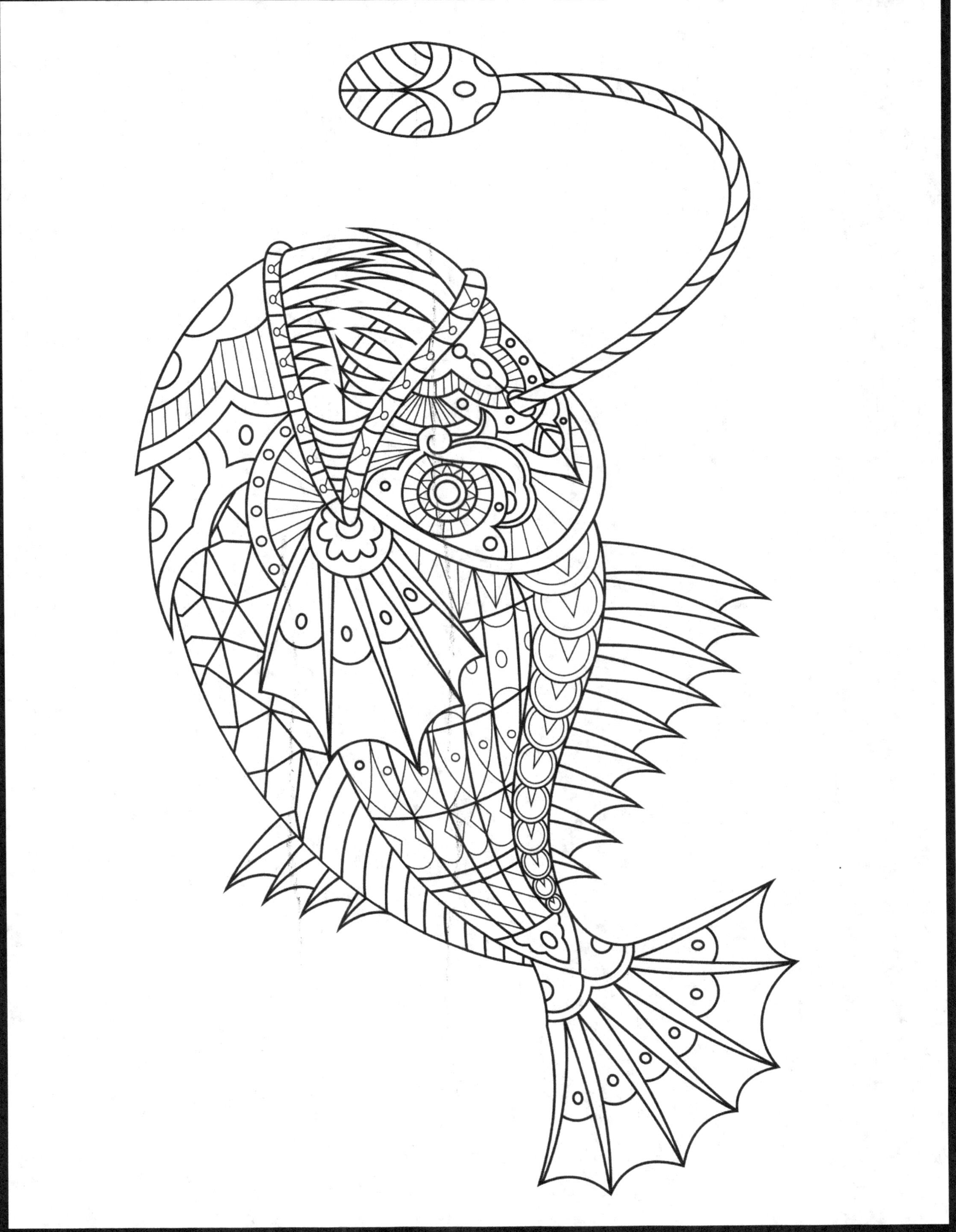

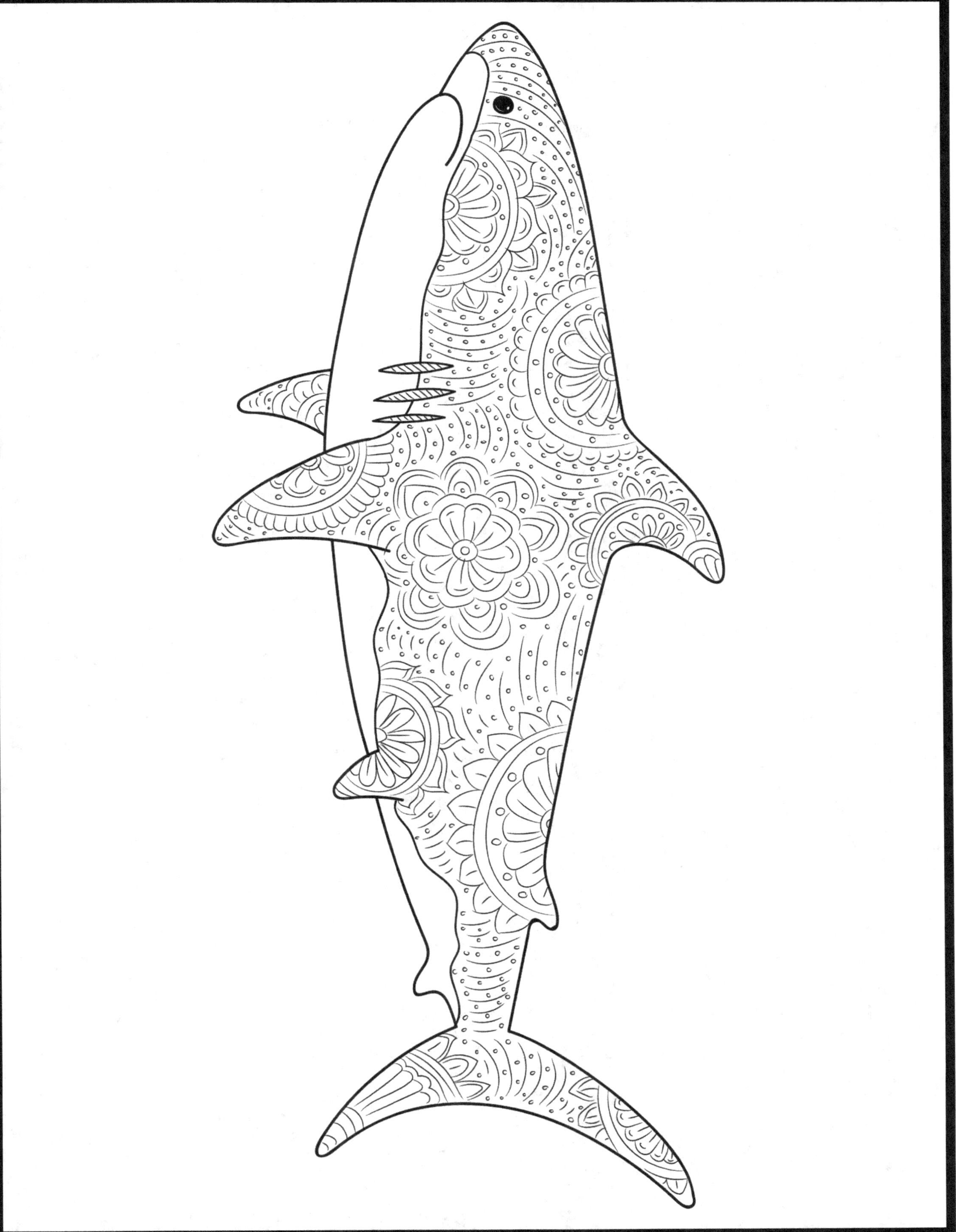

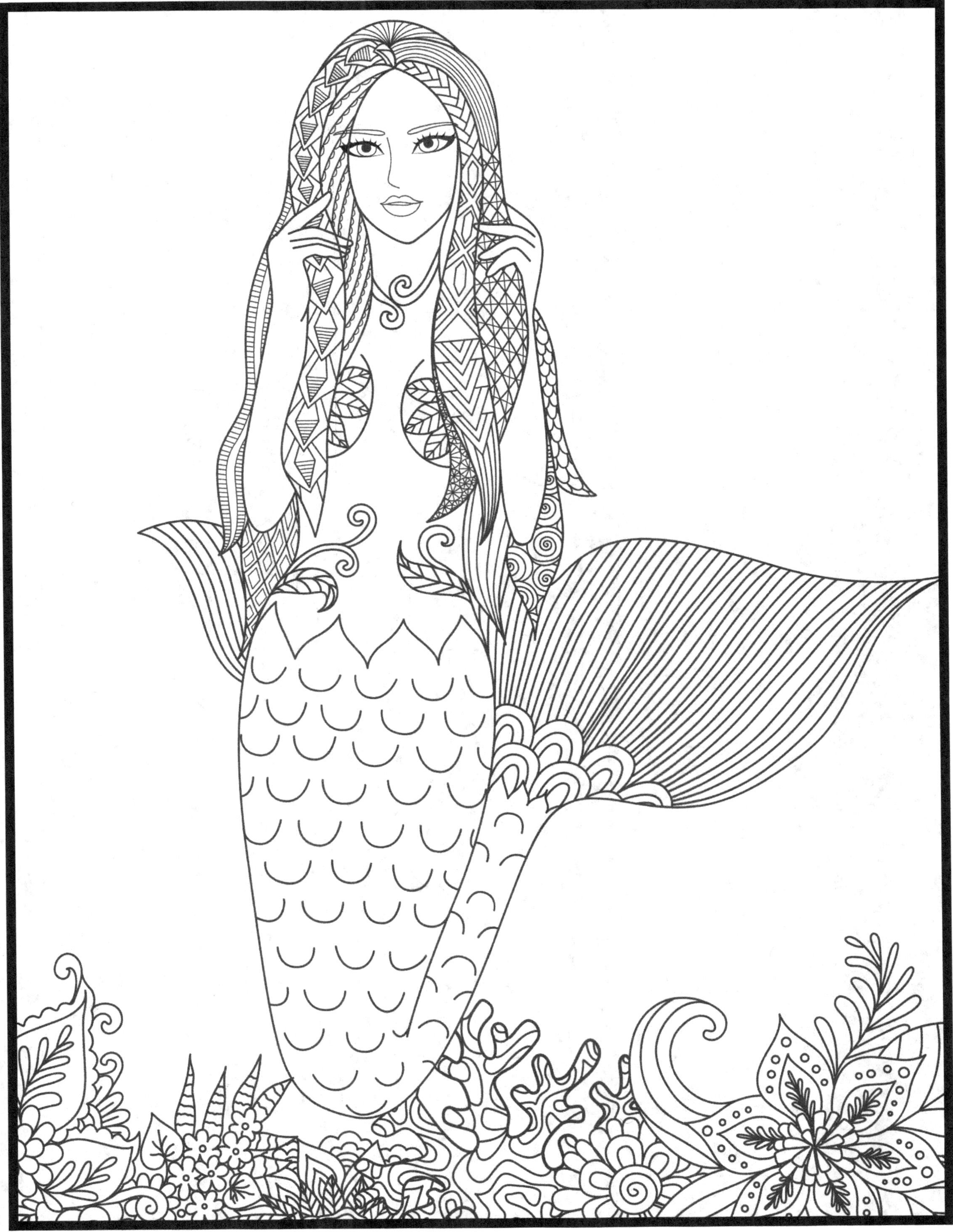

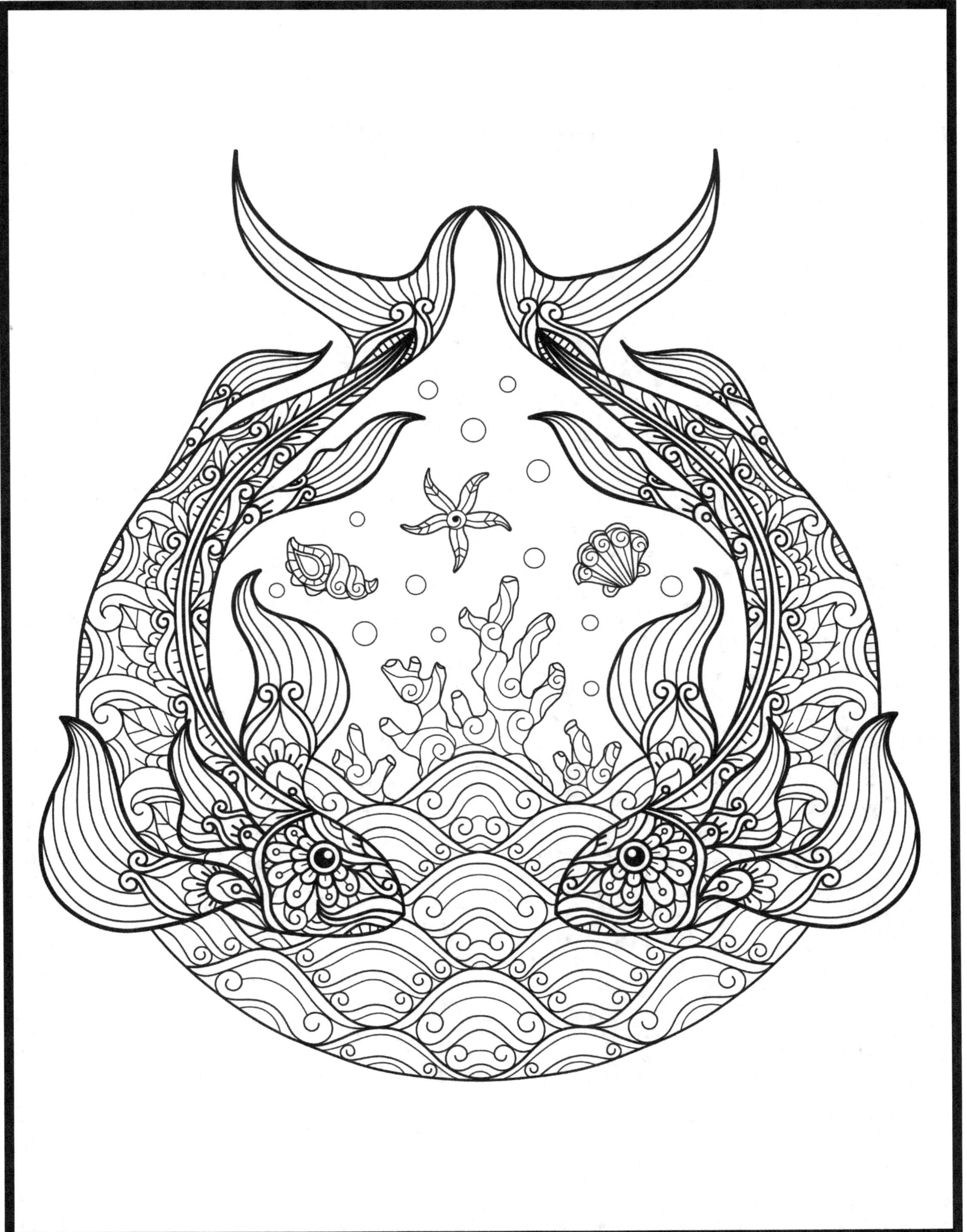

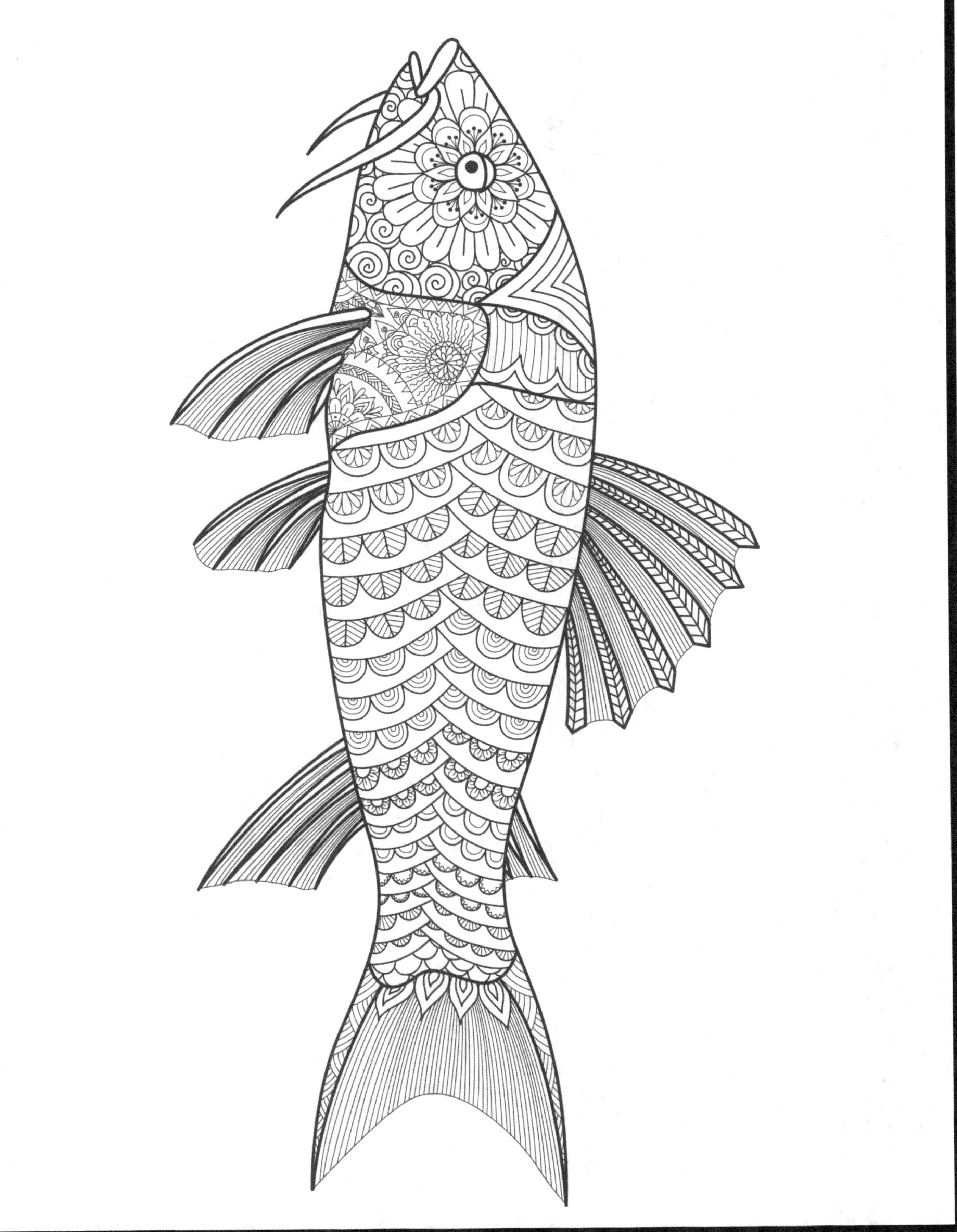

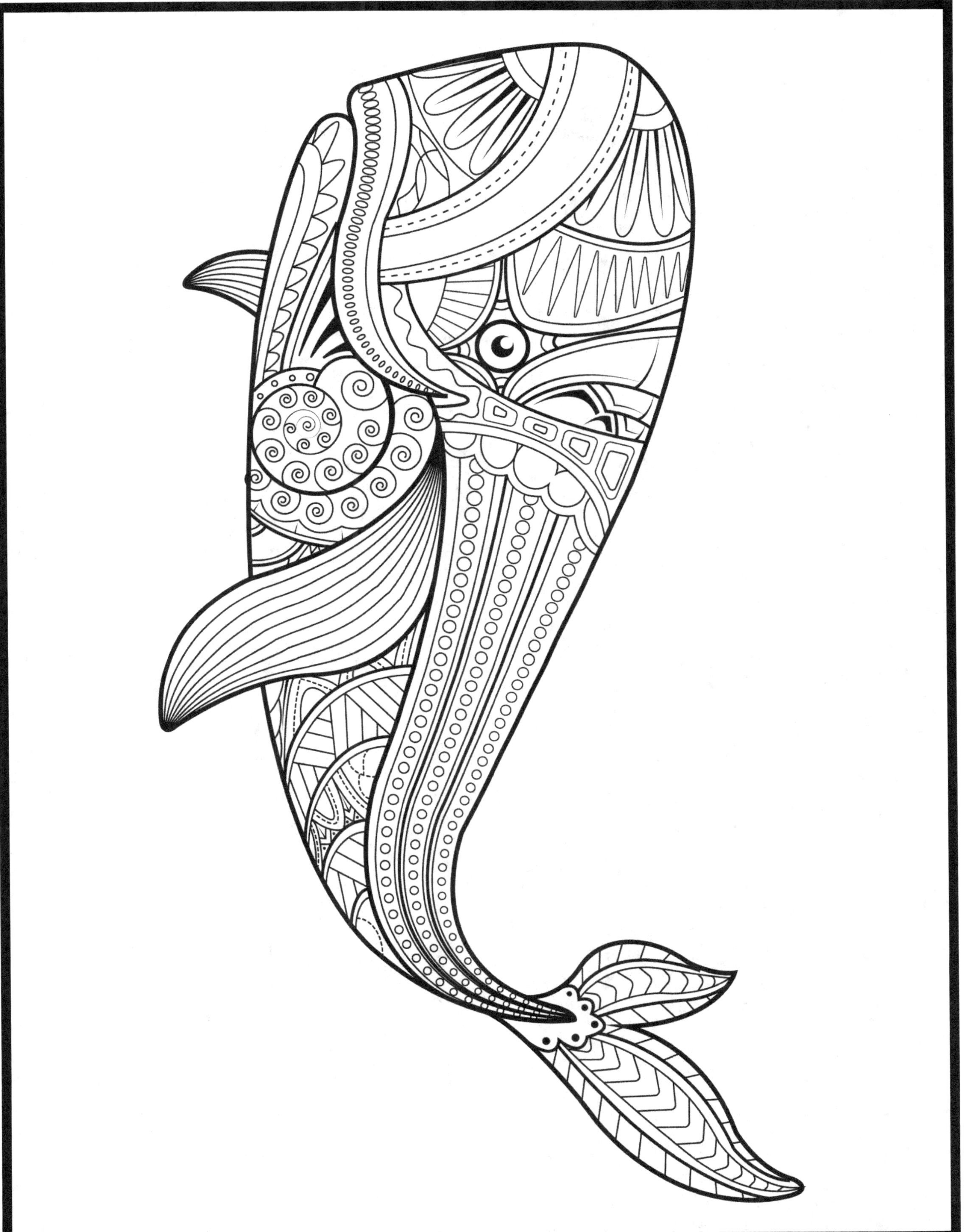

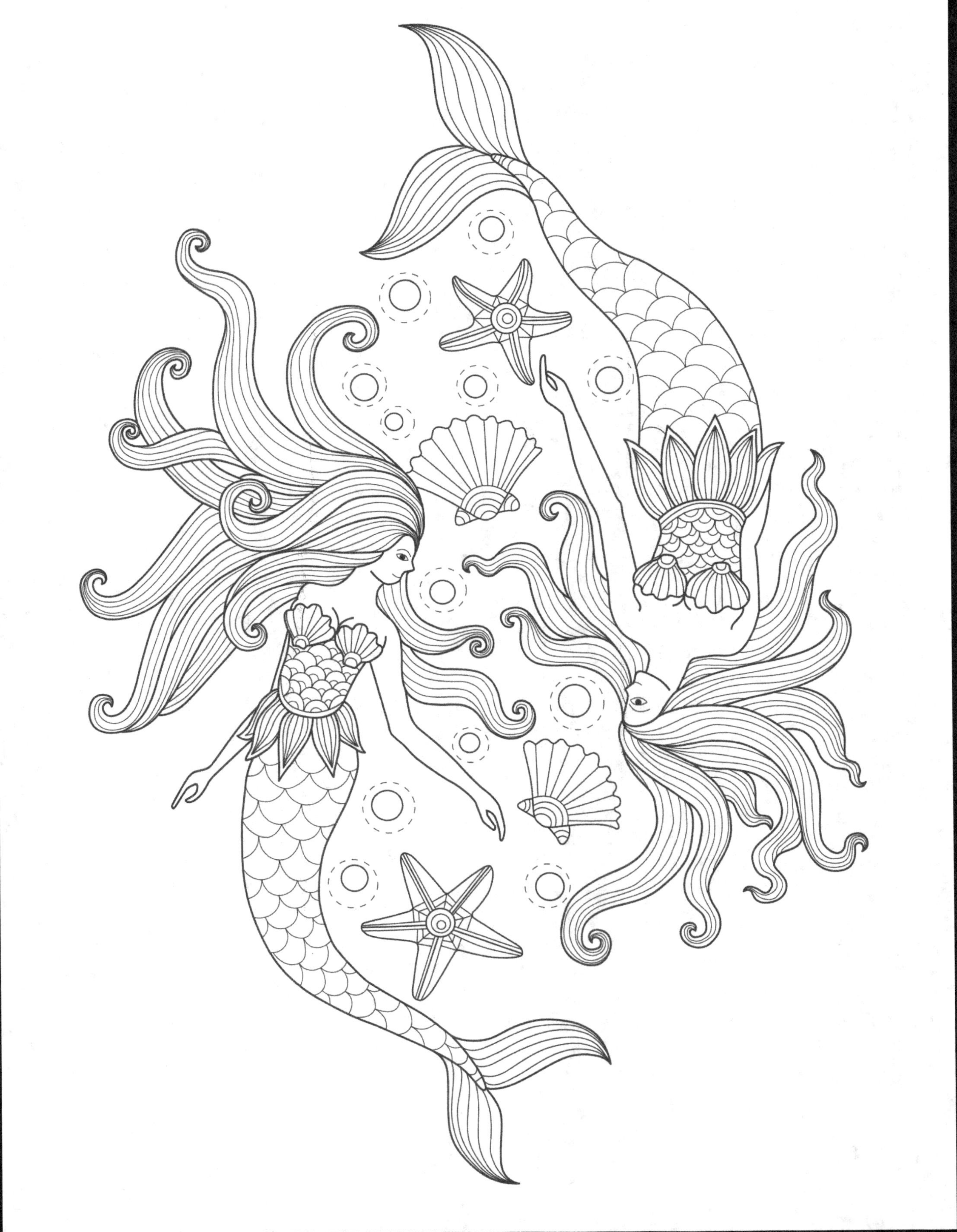

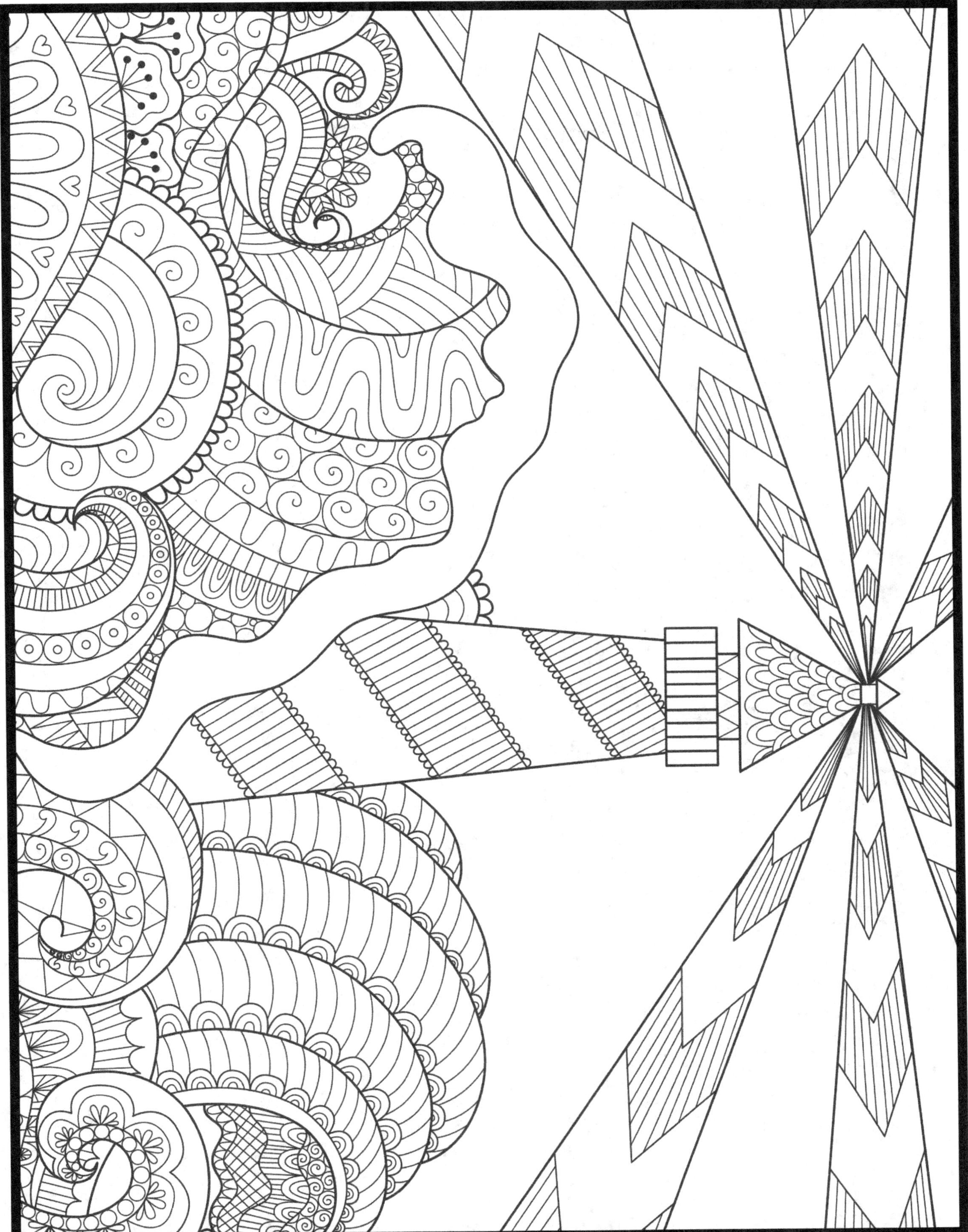

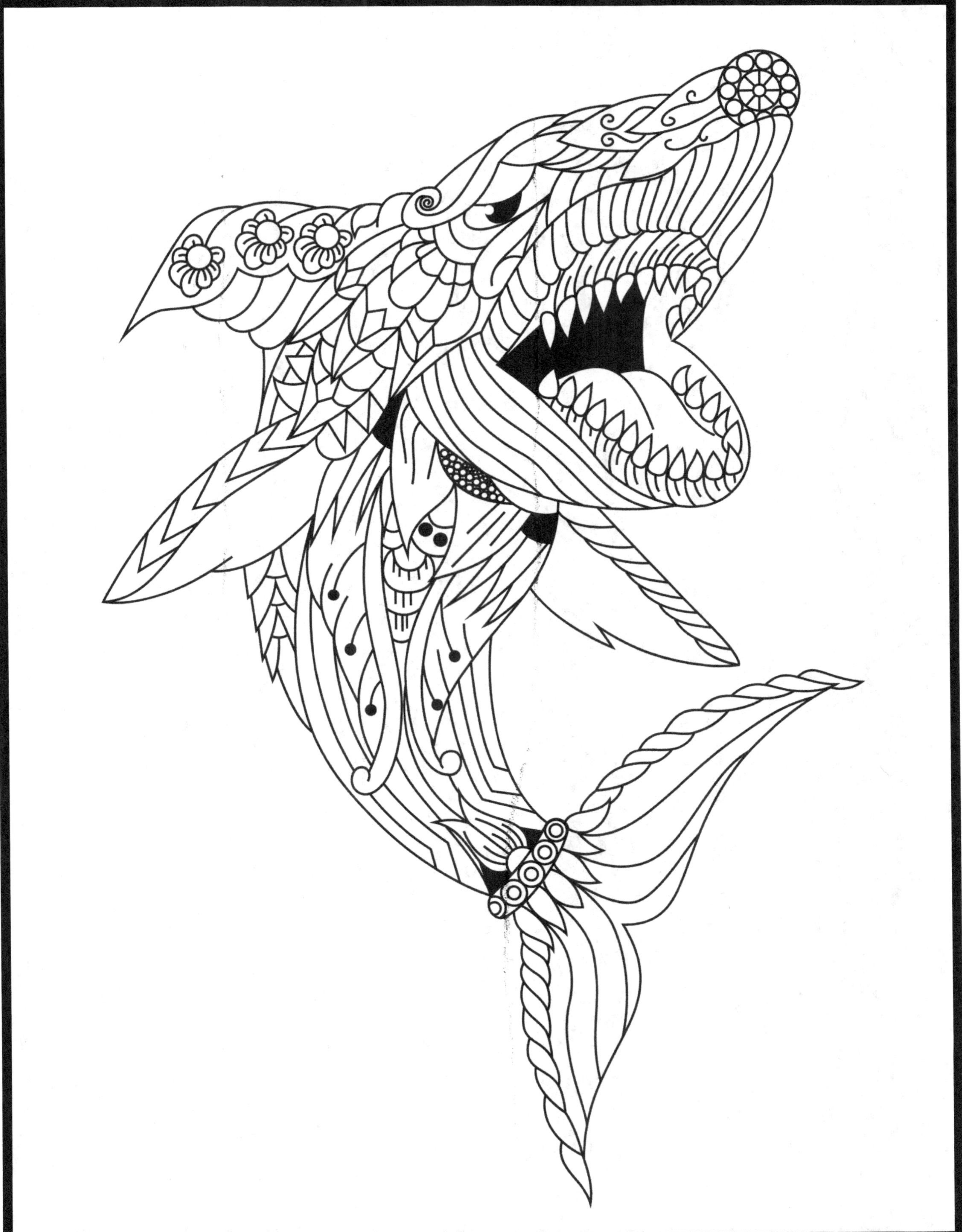

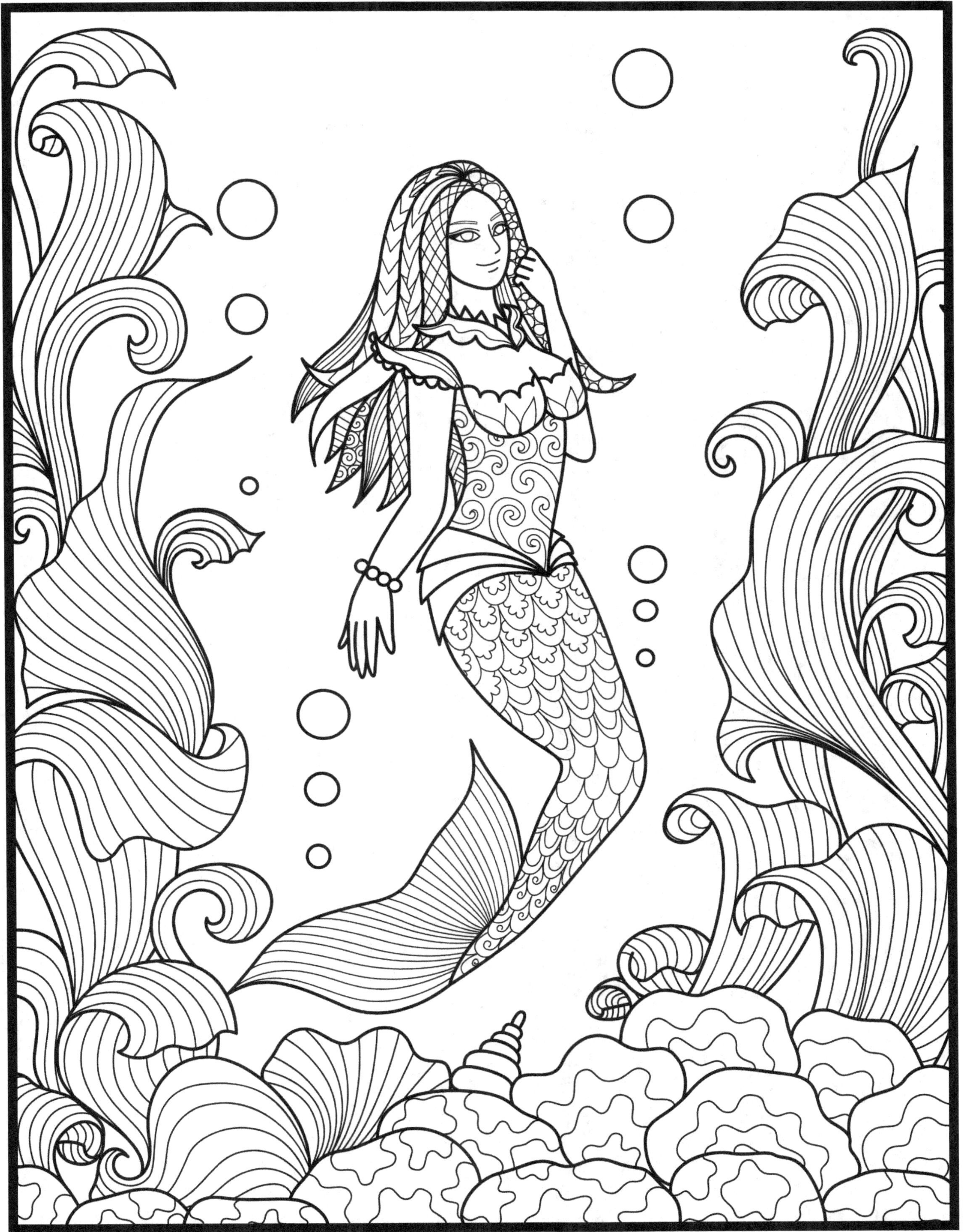

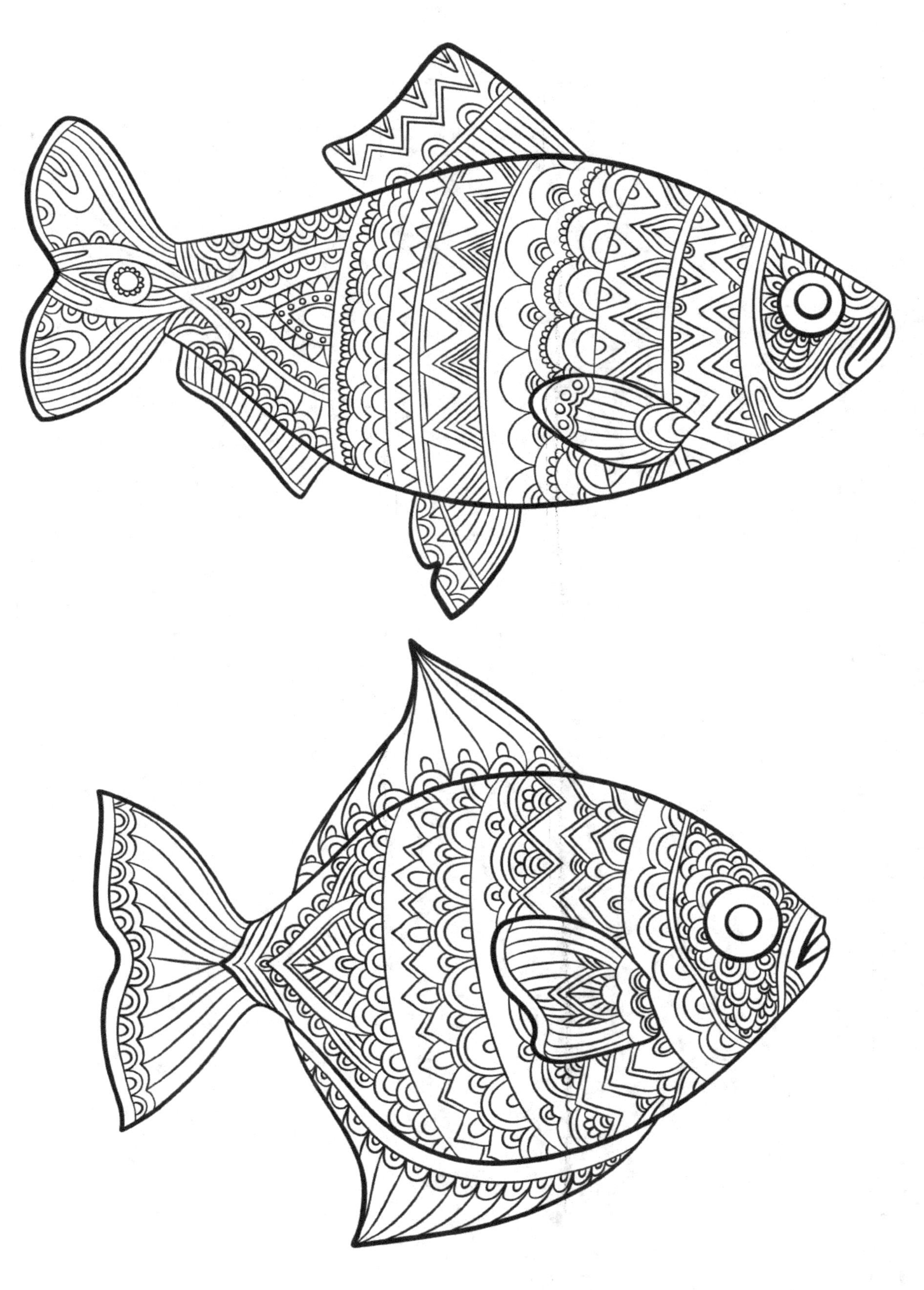

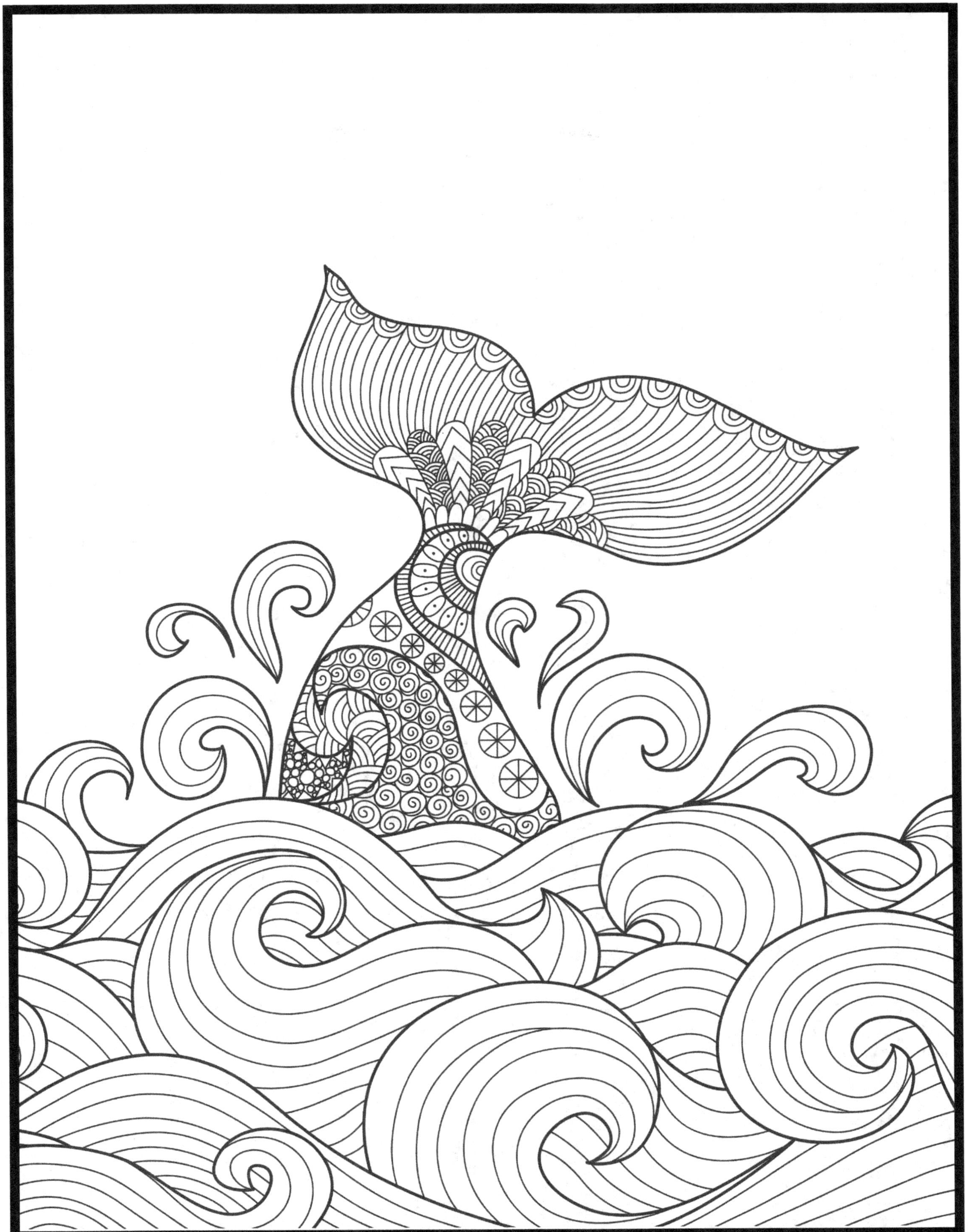

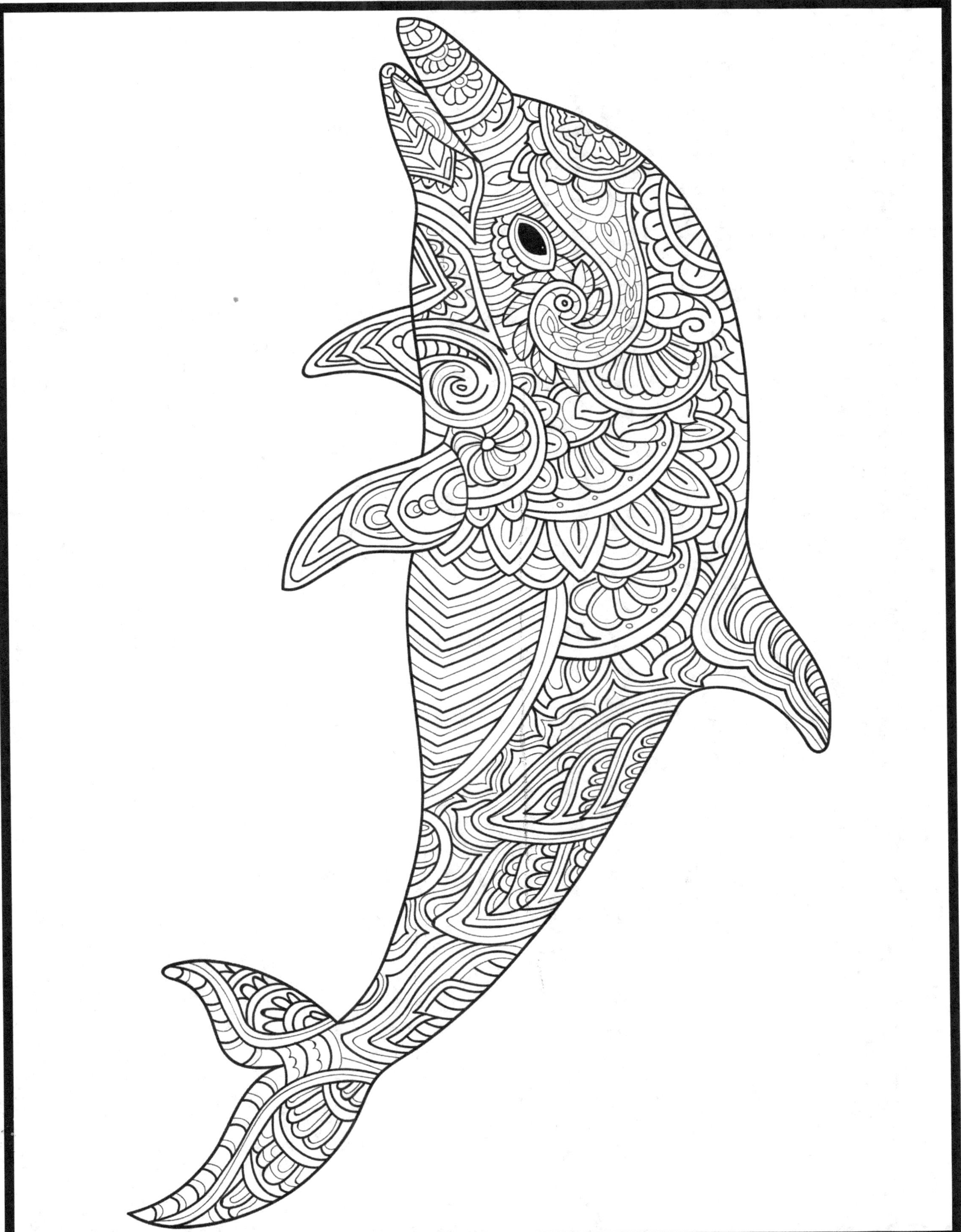

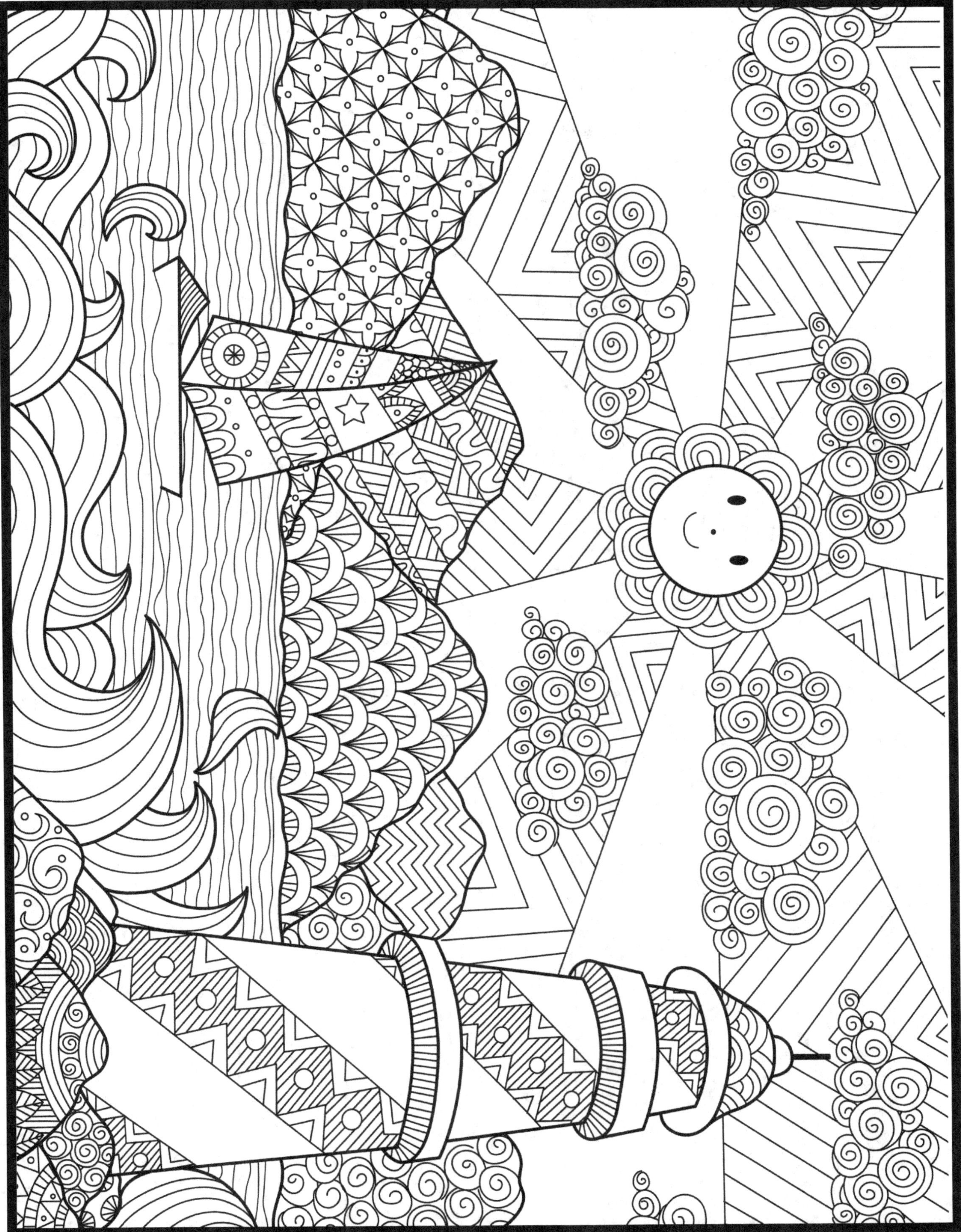

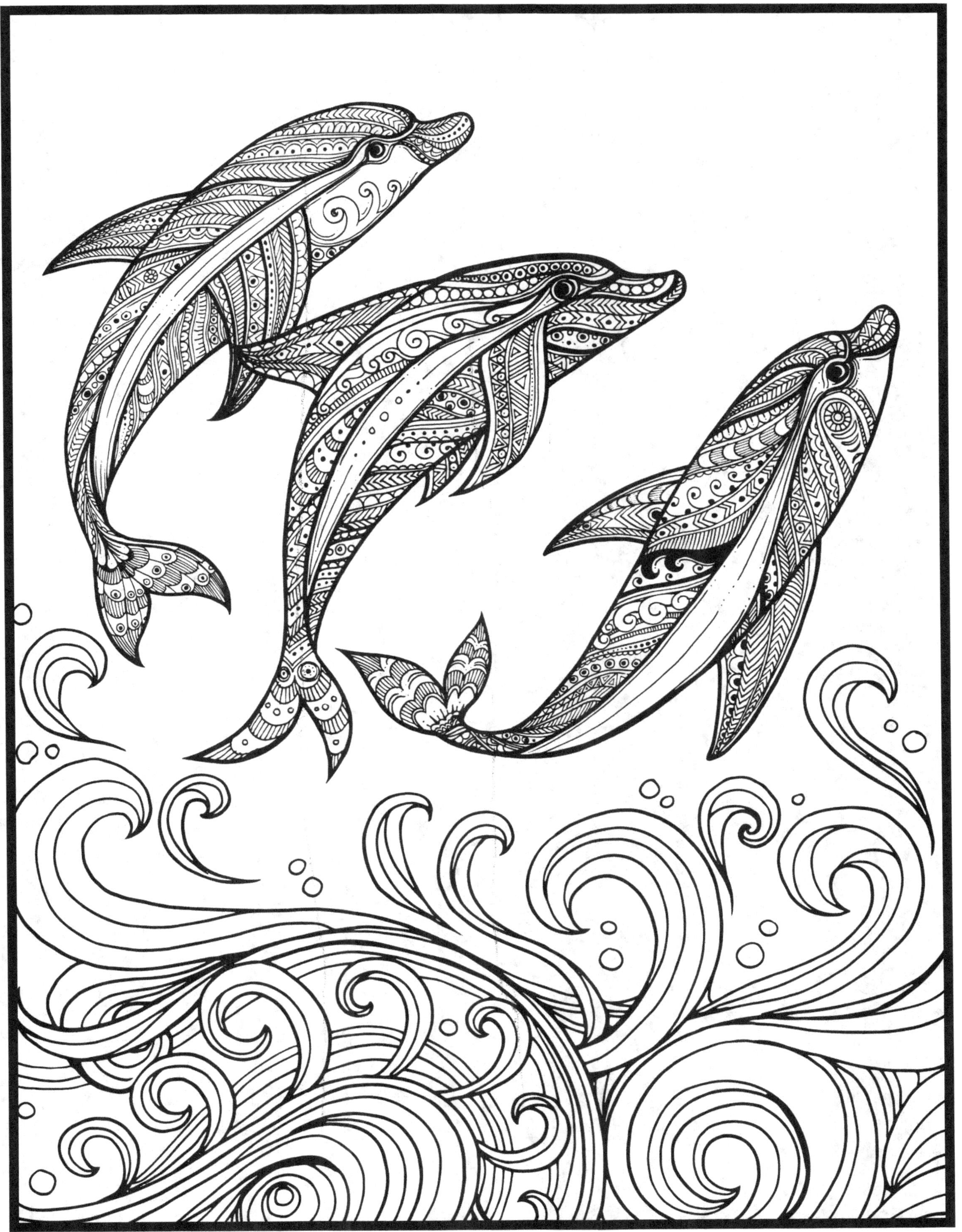

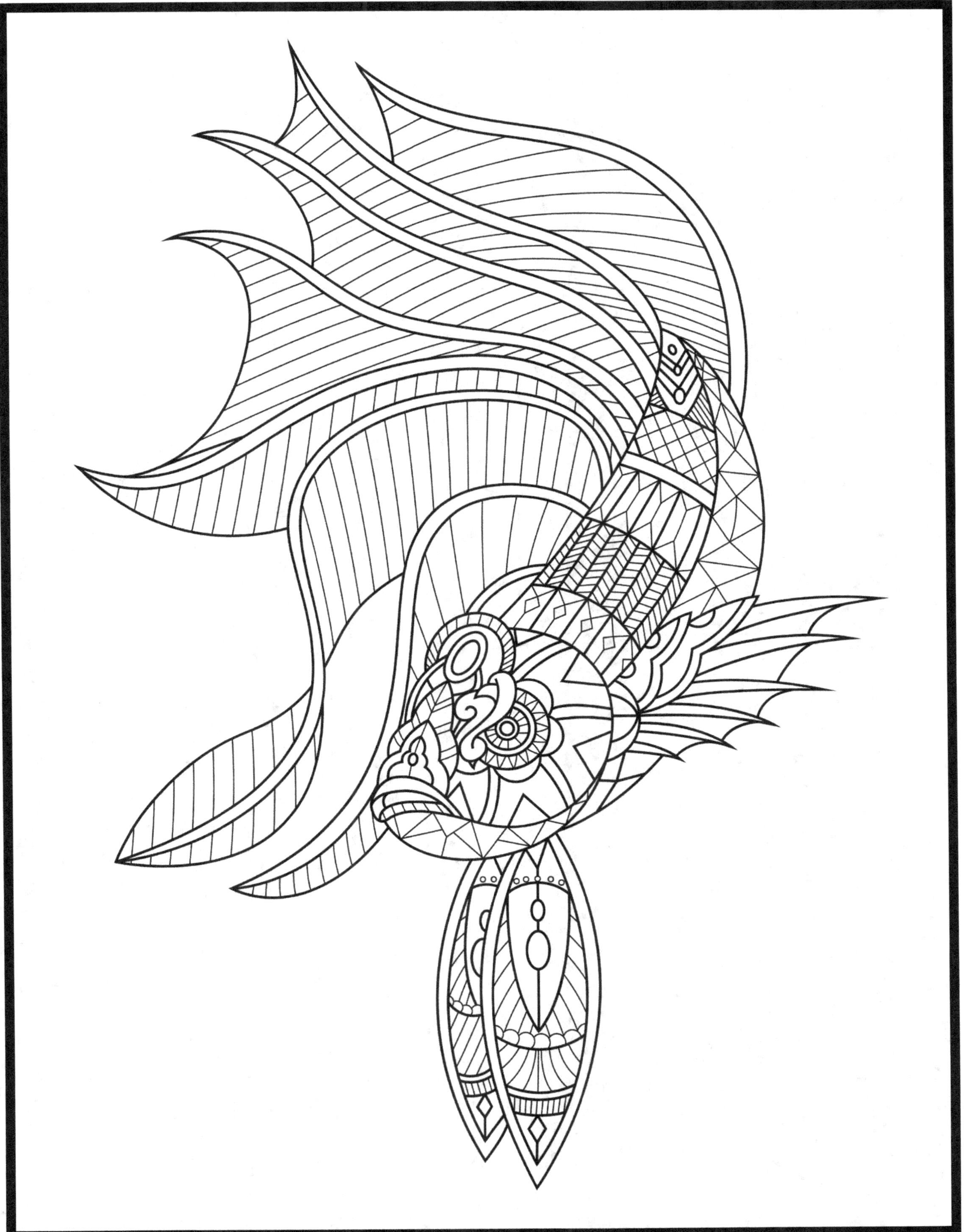

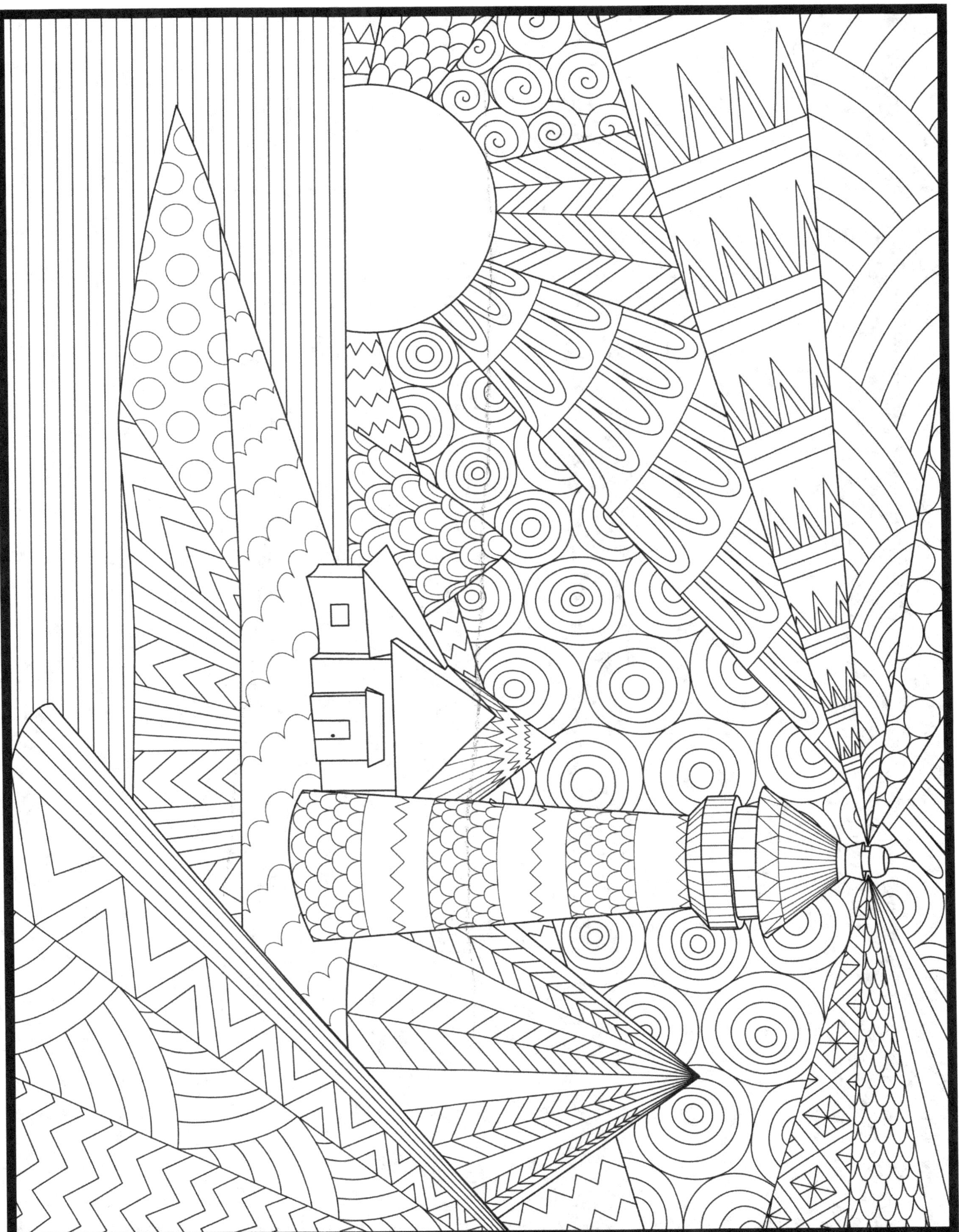

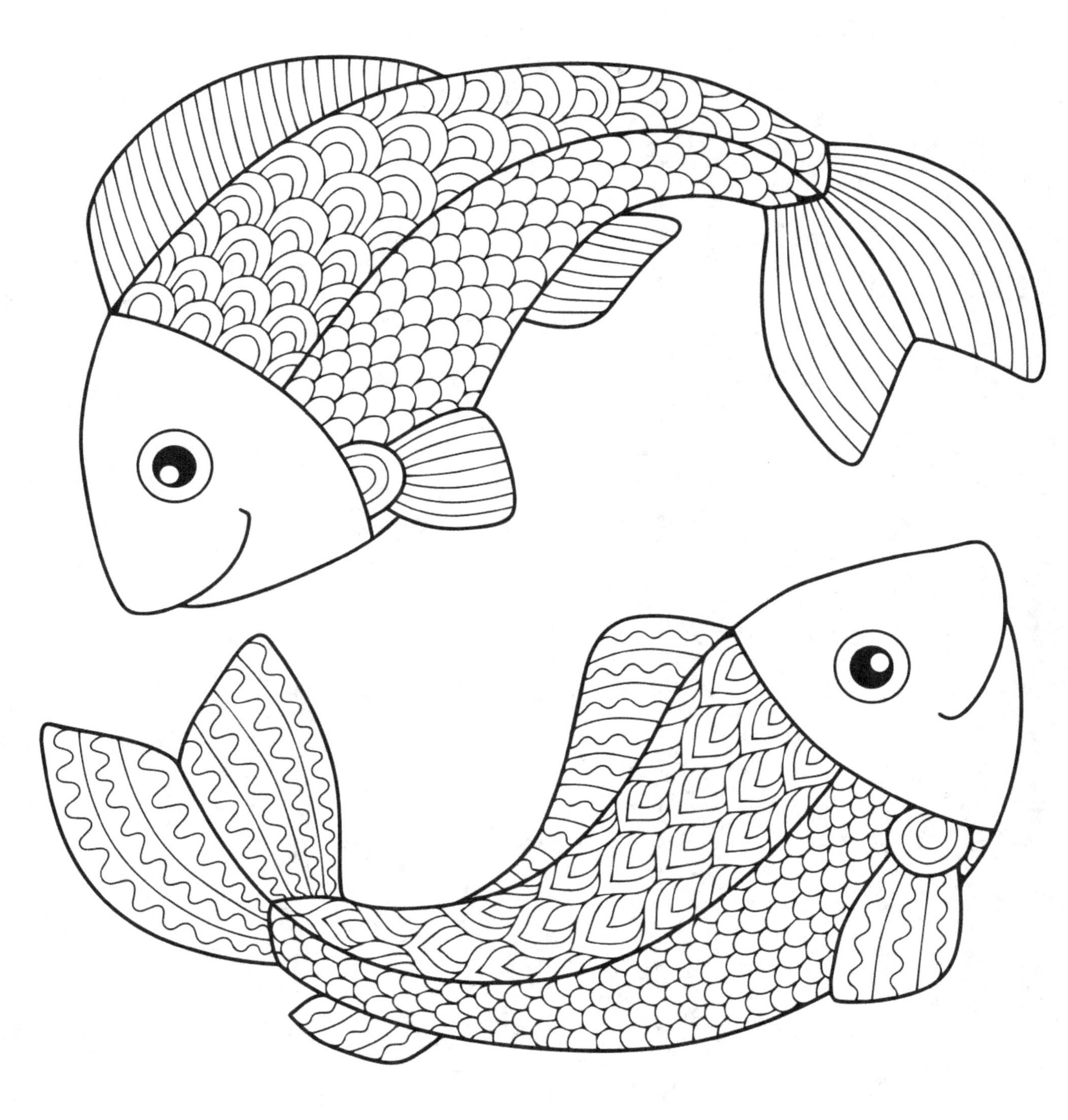

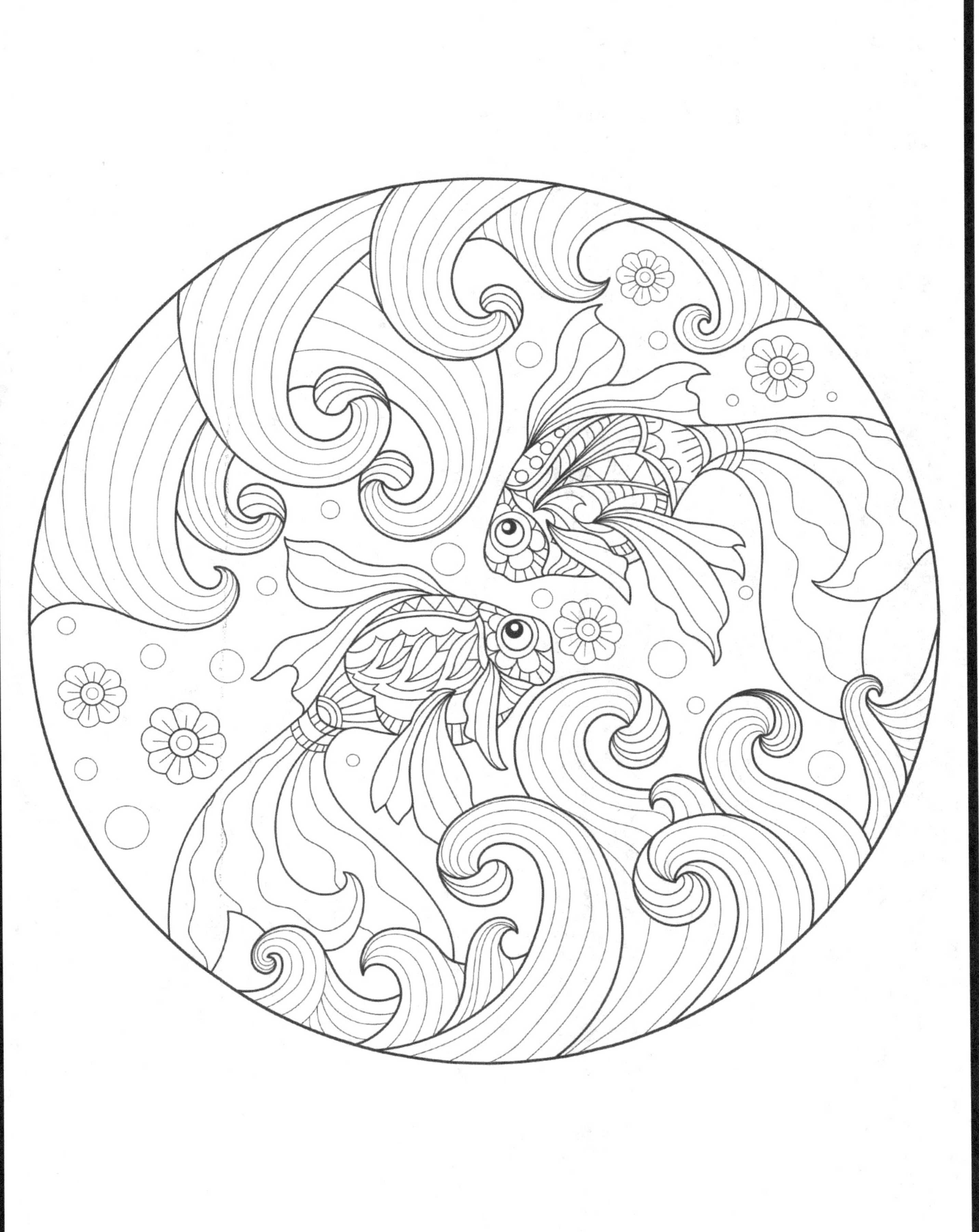

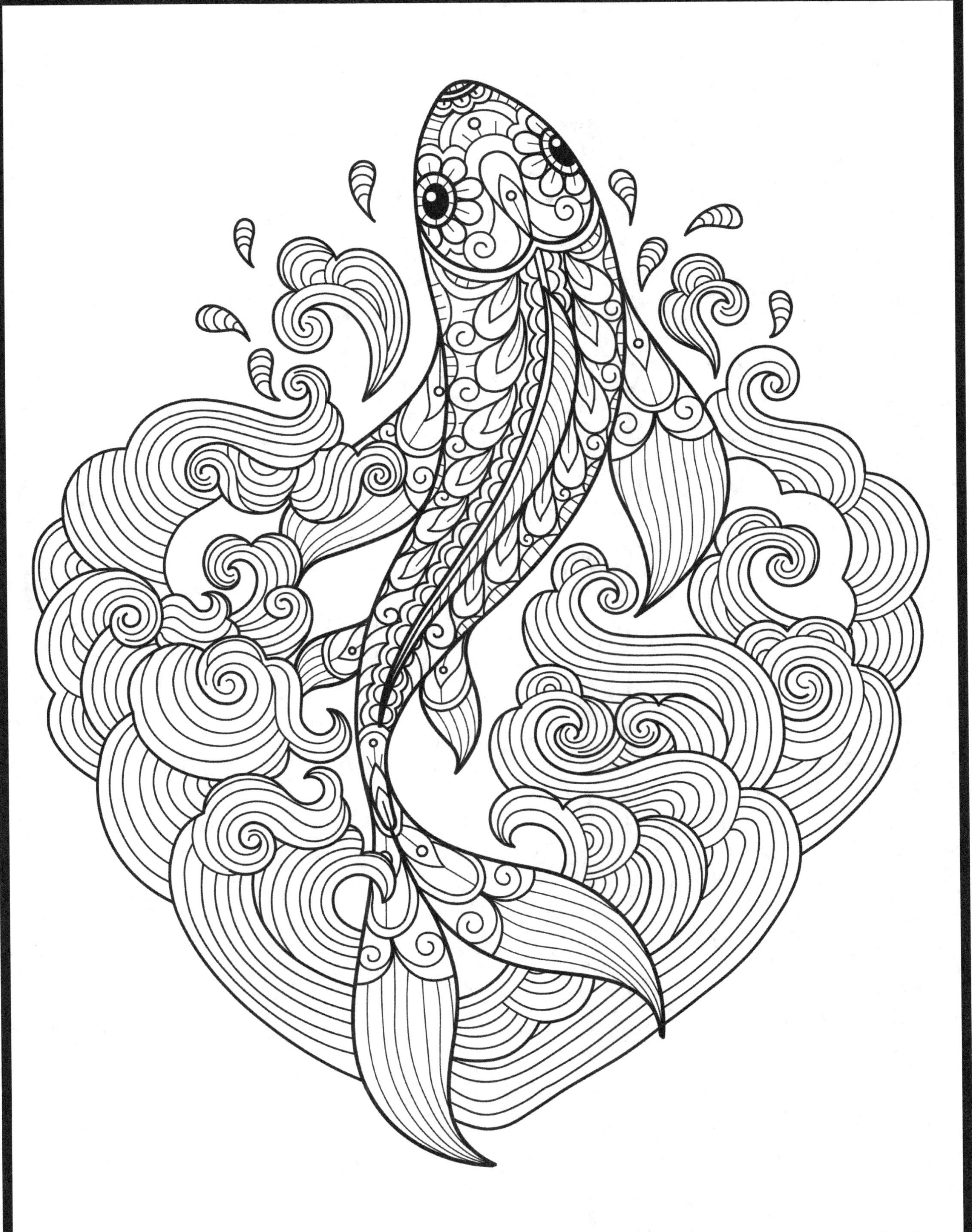

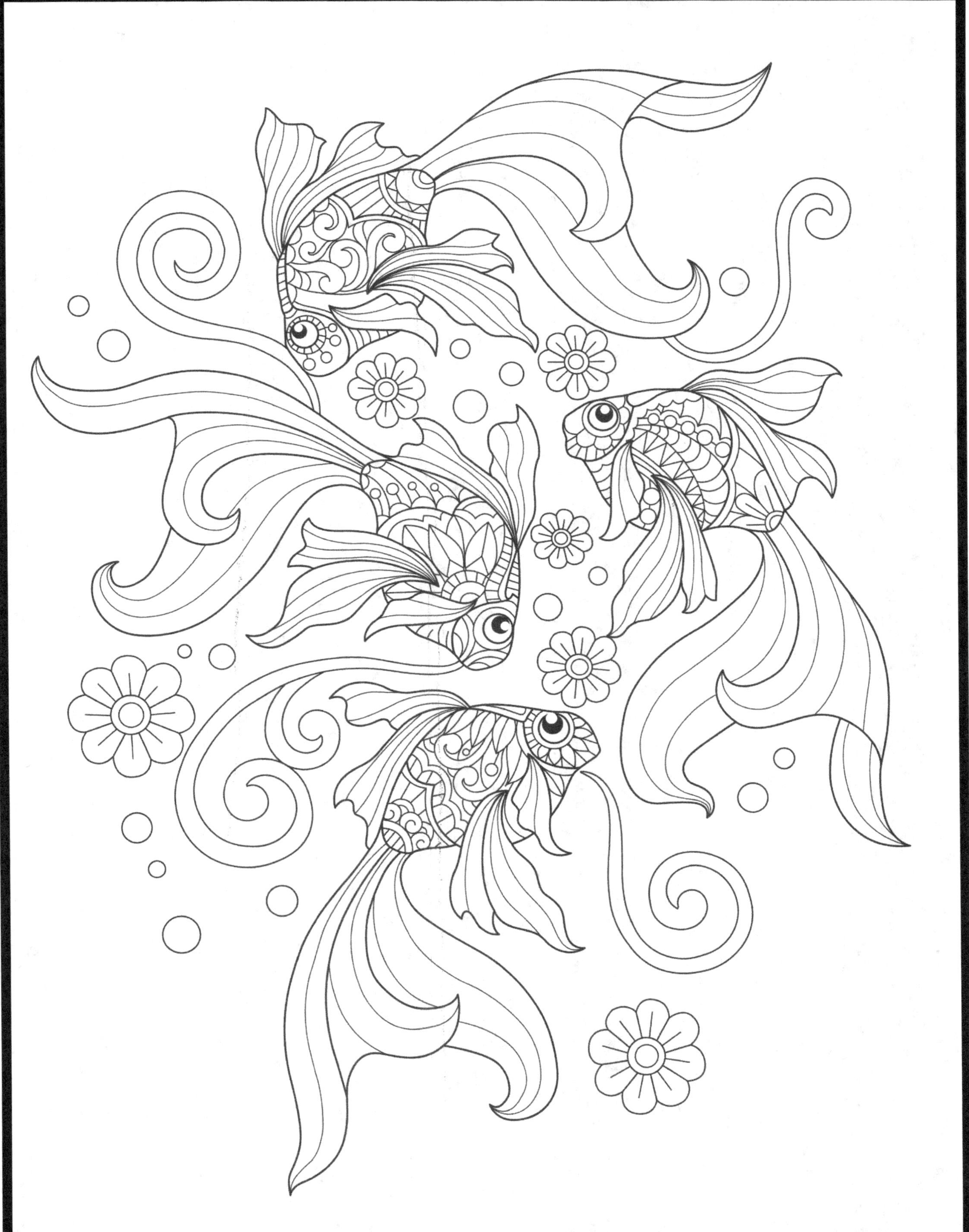

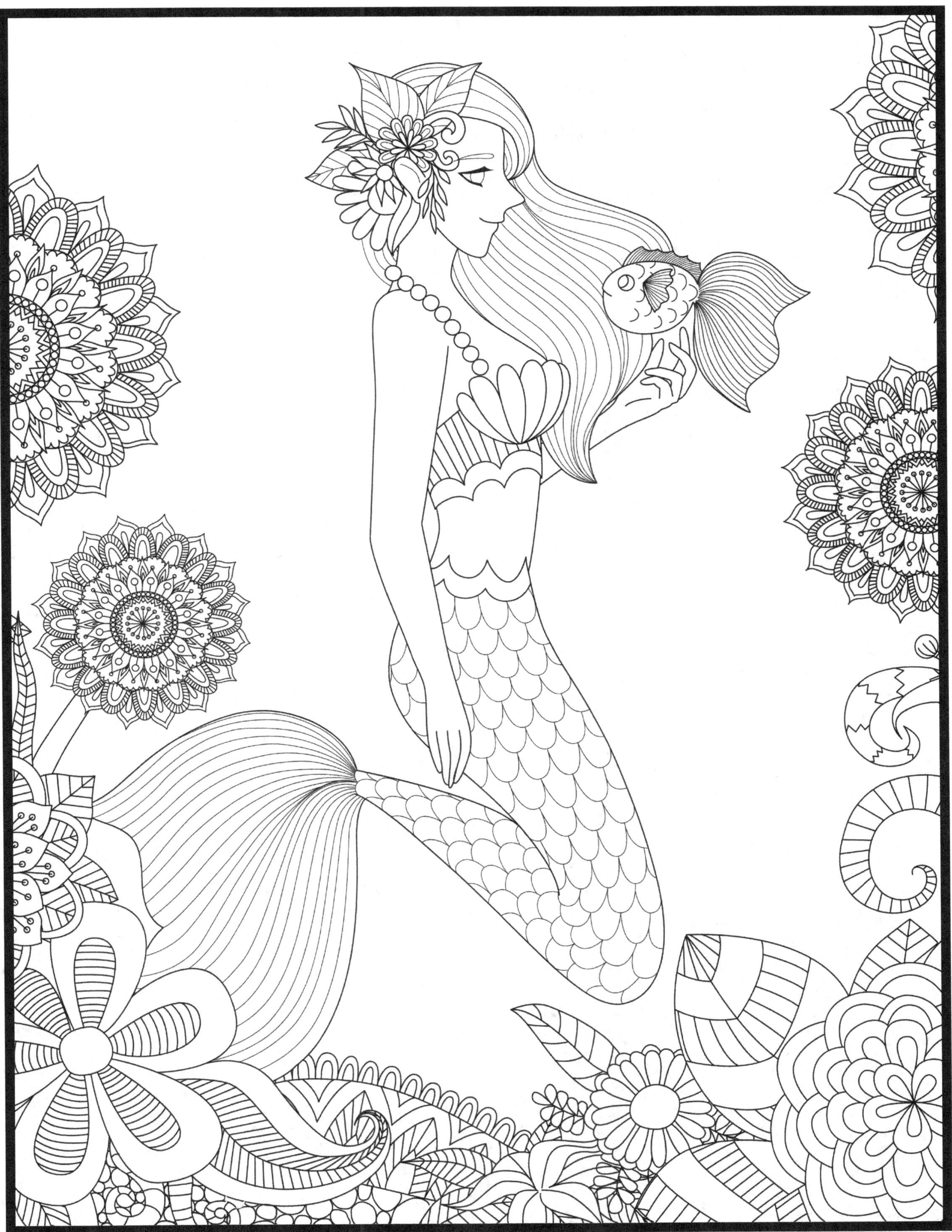

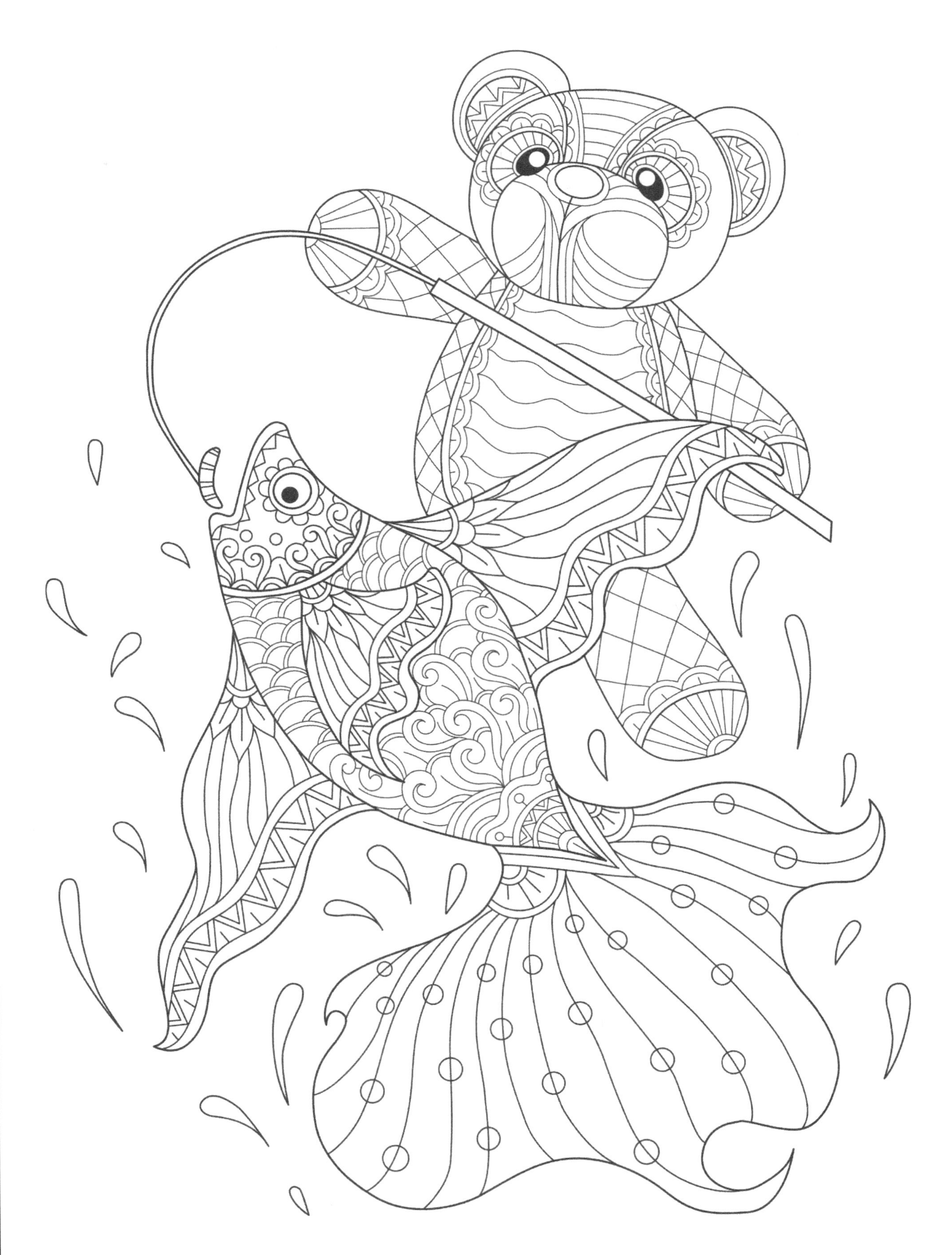